中等职业学校新形态一体化教材
计算机课程建设实验教材

短视频策划与制作

赵淑娟　李冬芸　主　编
段　欣　主　审
刘鹏程　杨政玉　杨振东　副主编

电子工业出版社
Publishing House of Electronics Industry
北京·BEIJING

内 容 简 介

本书根据中华人民共和国教育部发布的《职业教育专业简介（2022年修订）》的中等职业教育专业简介中的电子与信息大类的相关教学内容和要求，并参照相关行业标准编写而成。

本书从短视频的概念、类型，以及目前主流的短视频平台，到短视频的精准定位、团队搭建、内容输出、拍摄剪辑、发布技巧、运营攻略，全方位、多角度地介绍了短视频策划与制作的实战技能。

本书结构清晰、通俗易懂、图文并茂、案例经典，是中等职业学校教学用书，是数字媒体技术应用专业课程改革实验教材。本书适合短视频领域的从业人员、通过短视频进行营销的商家、通过短视频实现快速引流的新媒体从业人员，以及专注于短视频风口的创业人员阅读；也适合对短视频创作、运营感兴趣的广大读者学习。

未经许可，不得以任何方式复制或抄袭本书之部分或全部内容。
版权所有，侵权必究。

图书在版编目（CIP）数据

短视频策划与制作 / 赵淑娟，李冬芸主编. —北京：电子工业出版社，2024.4 (2025.8 重印)
ISBN 978-7-121-47828-4

Ⅰ．①短… Ⅱ．①赵… ②李… Ⅲ．①网络营销－营销策划②视频制作 Ⅳ．①F713.365.2②TN948.4

中国国家版本馆 CIP 数据核字（2024）第 092941 号

责任编辑：郑小燕
印　　刷：中国电影出版社印刷厂
装　　订：中国电影出版社印刷厂
出版发行：电子工业出版社
　　　　　北京市海淀区万寿路 173 信箱　　邮编：100036
开　　本：880×1230　1/16　印张：10.25　字数：205 千字
版　　次：2024 年 4 月第 1 版
印　　次：2025 年 8 月第 3 次印刷
定　　价：36.00 元

凡所购买电子工业出版社图书有缺损问题，请向购买书店调换。若书店售缺，请与本社发行部联系，联系及邮购电话：(010) 88254888，88258888。

质量投诉请发邮件至 zlts@phei.com.cn，盗版侵权举报请发邮件至 dbqq@phei.com.cn。

本书咨询联系方式：(010) 88254550，zhengxy@phei.com.cn。

前言

党的二十大报告指出："必须坚持科技是第一生产力、人才是第一资源、创新是第一动力，深入实施科教兴国战略、人才强国战略、创新驱动发展战略，开辟发展新领域新赛道，不断塑造发展新动能新优势。"由此可知，培养大国工匠和高技能人才势在必行。为健全教育质量保障体系，提高教育质量，中华人民共和国教育部发布了《职业教育专业目录（2021年）》和《职业教育专业简介（2022年修订）》。本书根据最新的专业标准中的相关内容和要求编写而成。

本书根据数字媒体技术应用专业教学基本要求编写，采用项目式的编写方法，通过7个项目详细介绍了短视频策划和制作的基本方法。本书特色如下。

（1）体现课程思政思想。将工匠精神、创新精神、劳动价值等思政元素融入项目，实现课程思政与专业知识的深度融合。

（2）学习内容的选择和编排以工作任务为导向。

（3）由长期从事数字媒体技术应用专业一线教学、科研工作，以及对本专业教学有深入研究与思考的职业学校一线教师、教研员和企业工程师共同参与，基于合理的编写流程和科学的分工编写而成。

（4）编写注重多样性，体现学生的主体性，体现"做中学"的学习特征。

（5）配有丰富的数字化、立体化教学资源，包括课件、微课视频等。

本书由齐河县职业中等专业学校赵淑娟、山东电子职业技术学院李冬芸担任主编；山东省教育科学研究院段欣担任主审；山东省济南商贸学校刘鹏程、齐河县职业中等专业学校杨政玉、济南东升国峰文化传媒有限公司技术总监杨振东担任副主编；山东省济南商贸学校高菲、山东电子职业技术学院付娆参与了本书的编写，杨政玉参与了本书的封面设计。此外，一些职业学校教师也参与了本书的试教和现场操作测试工作，在此对他们表示诚挚的感谢！

本书在编写过程中参阅了大量文献，引用了同类书刊中的部分资料，在此，谨向有关作者表示衷心的感谢！限于编者水平，本书难免存在不足之处，恳请广大专家、读者批评指正。

编 者

2024年2月

目录

项目 1　图文类短视频《四季如诗》创作 001
    1.1　项目创意 002
    1.2　技术要点 002
    1.3　项目实施 013
    1.4　项目总结 023
    1.5　项目拓展 023

项目 2　Vlog 类短视频《重回母校的一天》创作 025
    2.1　项目创意 026
    2.2　技术要点 026
    2.3　项目实施 031
    2.4　项目总结 037
    2.5　项目拓展 038

项目 3　生活类短视频《中国年 齐河味》创作 039
    3.1　项目创意 040
    3.2　技术要点 040
    3.3　项目实施 052
    3.4　项目总结 060
    3.5　项目拓展 060

项目 4　种草类短视频《竹迹》创作 062
    4.1　项目创意 063
    4.2　技术要点 063
    4.3　项目实施 085
    4.4　项目总结 091
    4.5　项目拓展 091

项目 5　剧情类短视频《向阳而生》创作 093
    5.1　项目创意 094

5.2　技术要点 094

　　5.3　项目实施 114

　　5.4　项目总结 130

　　5.5　项目拓展 130

项目 6　音乐会现场快剪短视频《绿毯音乐派对》创作 132

　　6.1　项目创意 133

　　6.2　技术要点 134

　　6.3　项目实施 134

　　6.4　项目总结 140

项目 7　MV《英雄，中国航天人》创作 142

　　7.1　项目创意 143

　　7.2　技术要点 144

　　7.3　项目实施 144

　　7.4　项目总结 156

项目 1
图文类短视频《四季如诗》创作

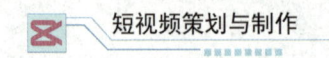

1.1 项目创意

二十四节气是古人通过观察天体运行，认知一岁中时令、气候、物候变化规律形成的知识体系，是中国古代历法中表示自然节律变化、确立"十二月建"的特定节令，在人们日常生活中发挥了极为重要的作用。二十四节气不仅是指导农耕生产的时间体系，还是包含丰富事象的民俗体系，蕴含着悠久的文化内涵和历史积淀，是中华民族悠久历史文化的瑰宝。二十四节气是中国传统气象学的核心理论之一，被誉为"中国的第五大发明"，列入联合国教科文组织人类非物质文化遗产（后文简称非遗）代表作名录。

图文类短视频《四季如诗》的创意来源于中国的二十四节气，选取其中"立春""立夏""立秋""立冬"4个节气，以图片、视频，以及古诗句"冥冥甲子雨，已度立春时""立夏少半月，谷雨是今朝""始惊三伏尽，又遇立秋时""倏忽秋又尽，明朝恰立冬"，配合入场动画、背景音乐和动态字幕，表现一年四季如诗如画之美，提醒人们珍爱时光、热爱自然。

图文类短视频《四季如诗》使用剪映App编辑制作和导出，使用抖音App发布。

1.2 技术要点

1. 认识短视频及图文类短视频

1）短视频

短视频（Short Video）又称"短片视频"，一般指时长在5分之内（有关短视频时长的观点并不一致，短则几秒，长则几分），依托于计算机端或手机端进行传播的视频，也是一种互联网内容传播方式。

"短视频"一词，起源于2011年美国推出的短视频分享应用Viddy。2012年，短视频传入中国，快手率先实现精准定位并完成转型，腾讯微视、新浪秒拍和美拍相继推出，抖音随后出现，进一步推动了短视频行业的发展。目前，抖音是流行度非常高的短视频平台之一。短视频行业的出现，催生了多种全新的经济模式，并在文化创意、文化交流和思想碰撞等方面起到了积极的作用。

短视频凭借轻量化、娱乐化、个性化的特点满足了互联网时代大众对碎片化信息的需求。目前，短视频已成为现代社交媒体时代的一种流行内容形式，具有如下特点。

（1）内容精练。短视频因为时长有限，所以一般内容精练、主题清晰、表达简洁，以引起观众兴趣。

（2）故事逻辑性较强。为了引发观众的情感共鸣，短视频的故事逻辑性较强，通过情节设计和故事发展，提升观赏性和吸引力。

（3）具有视觉表现力。短视频是一种视觉媒体，具有视觉表现力。一般短视频有较高的画面质量、美感和创意，同时通过动画、特效、剪辑等手法来增强视觉冲击力。

（4）能够快速吸引观众的注意力。短视频通常通过社交媒体平台传播，一般通过生动的画面、引人入胜的开头和有趣的配乐快速吸引观众的注意力。

（5）观众参与度高。观众通过评论、点赞、分享等方式参与短视频互动，同时通过强调身份认同和情感共鸣，提高参与度。

（6）适配不同的平台。短视频在不同的社交媒体平台上有不同的特点和要求。在制作短视频时，要考虑平台上显示的画面比例和尺寸要求，以及观众的使用习惯。

2）图文类短视频

图文类短视频也被称为PPT模式视频，在该类短视频中主要使用图片、文字展示信息，一般不需要真人出镜，该类短视频的制作成本相对较低。

2. 短视频策划流程及图文类短视频策划注意事项

1）短视频策划流程

策划是短视频创作的重要环节，可以决定短视频的主题、内容和形式。短视频策划流程如下。

（1）明确目标。明确目标是短视频策划的基础，用于更好地确定主题和内容。常见的目标包括传达信息、展示技能、提升品牌知名度、增加产品销量等。

（2）确定受众。确定受众是短视频策划的关键，用于更好地选择合适的主题、内容和表达方式，以提高短视频的吸引力，增强传播效果。

（3）确定主题和故事情节。确定主题和故事情节是短视频策划的核心。主题可以是某个话题、某种体验或情感；故事情节要有起承转合，能吸引观众并使观众产生共鸣。

（4）设计内容结构。内容结构至少应包括导入、发展和结尾三部分。导入部分要有吸引力；发展部分要有足够的信息和情节；结尾部分要让观众印象深刻。

（5）创意和差异化。创意和差异化是体现短视频特色的关键。可以通过剧情、视觉效果或讲述等方面的创意，给观众与众不同的体验。

（6）兼顾传播平台。在策划短视频时，要结合不同传播平台的特点确定策略，以增强传播效果。

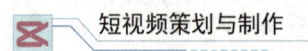

2）图文类短视频策划注意事项

在策划图文类短视频时要注意以下几点。

（1）主题清晰。好的图文类短视频要有清晰的主题，且能用简单的图文表达。

（2）脚本明确。图文类短视频的脚本要简明扼要、用词准确、容易被理解。

（3）视觉元素突出。突出的视觉元素对图文类短视频非常重要，视觉元素包括文字、图片、动画、简短的视频片段等。

（4）配乐和音效优质。优质的配乐和音效可以让图文类短视频更加生动有趣。

（5）技术要点明确。要考虑短视频是竖版的还是横板的，字幕和文字要清晰易读，一般图文类短视频的时长为 10 秒、20 秒、30 秒、1 分。

3. 短视频制作流程

制作短视频一般要经过前期准备、短视频拍摄、短视频剪辑、短视频包装和短视频发布 5 个环节。

1）前期准备

（1）明确主题并设定目标。根据受众，明确短视频的主题，并设定要达到的目标。

（2）编写剧本并绘制故事板。根据短视频的主题，编写剧本并绘制故事板，设计短视频内容的结构和发展，明确每个镜头的具体内容。

（3）筹备拍摄地和道具。根据剧本内容，选择合适的拍摄场地并准备所需的道具。

2）短视频拍摄

（1）选择拍摄设备。根据需求和预算，选择合适的拍摄设备，可以是手机、专业相机、专业摄像机等。

（2）掌握拍摄技巧。掌握基本的拍摄技巧，如稳定手持摄影、使用三分法构图、进行合适的镜头运动等。

（3）合理控制光线。合理利用自然光或人工光源，保证画面明亮、清晰，并营造适合故事情节的氛围和效果。

（4）选择音频录制工具。可以使用外部麦克风进行音频录制，确保声音清晰。

3）短视频剪辑

（1）粗剪。在拍摄的素材中筛选出合适的片段，导入视频剪辑软件，建立初步的剪辑顺序，形成故事线索。

（2）精剪。根据剧本和故事板的要求，进行视频片段的剪辑和轨道的调整，加入合适的过渡效果，提升整体流畅度。

（3）音频调整。调整音频的播放时间，使音频与素材的画面相匹配，调整音量和音效，确保声音平衡和清晰。

4）短视频包装

（1）添加字幕和标题。根据需要，在合适的位置添加字幕和标题，提高观众的理解度。

（2）选择背景音乐和音效。根据短视频的主题和氛围，选择合适的背景音乐和音效，增强观众的观看体验。

（3）调色和特效加工。根据需要，对画面进行调色并对其特效进行加工，营造出符合故事情节和作品风格的视觉效果。

5）短视频发布

（1）导出短视频。将编辑好的短视频使用合适的格式和分辨率导出，确保该短视频在不同平台上播放时兼容性良好。

（2）上传短视频。选择合适的社交媒体平台，按照平台的要求上传短视频，添加相关的标签和描述，提高短视频的可搜索性和传播度。

4. 短视频制作注意事项

（1）熟悉软件。熟练掌握一些视频剪辑软件的基本功能和操作技巧，如 Adobe Premiere Pro、Final Cut Pro、Adobe After Effects 等。

（2）掌握调色技巧。了解短视频调色的基础知识，掌握视频剪辑软件中色彩校正和调整技巧，提高短视频画面的质量和一致性。

（3）掌握视频过渡效果的使用方法。掌握视频剪辑软件中的各类视频过渡效果的使用方法，提高短视频的创意性和艺术性。

（4）掌握音频处理技巧。了解音频编辑和处理的基础知识，掌握音频软件中的音效添加和音量处理技巧，提升音频质量。

5. 抖音 App 及剪映 App 概述

1）抖音 App 的基础知识

抖音 App 是一款由北京抖音信息服务有限公司开发和运营的短视频社交软件。用户可以在开设个人账户后，通过抖音 App 分享自己拍摄的短视频，也可以观看其他用户分享的短视频，目前有手机版和网页版两种。

2）抖音 App 的基本操作

（1）现场拍摄。点击"抖音"图标，如图 1-1 所示。进入抖音 App 首页，点击下方的

"加号"按钮,如图 1-2 所示。进入拍摄界面,如图 1-3 所示。用户可以根据需要选择不同的拍摄模式,如分段拍、快拍等。

(2)剪辑拍摄的素材。拍摄结束后,在界面右侧的编辑栏对拍摄的素材进行剪辑,如添加滤镜、音乐、特效等。调整素材画面比例,如图 1-4 所示。此外,还可以为素材添加标签及背景音乐,如图 1-5 所示。添加完成后,点击"下一步"按钮,进入发布界面,如图 1-6 所示。可以为素材添加话题、编写文案、加入地点等,并通过"公开·所有人可见"设置作品的可见度。编辑完成后,点击"发布"按钮,即可发布短视频。

(3)剪辑手机相册中原有的素材。也可选择不进行现场拍摄,直接剪辑手机相册中原有的素材。在拍摄界面中点击"相册"按钮,打开手机相册,选择相册中保存的照片或视频,点击"下一步"按钮,便可进行剪辑。剪辑步骤与前面介绍的"剪辑拍摄的素材"的步骤相同。

图 1-1　点击"抖音"图标

图 1-2　点击"加号"按钮

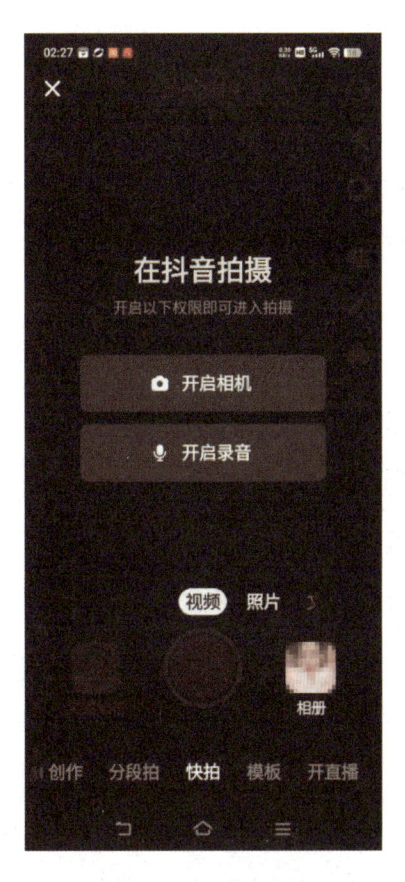

图1-3　进入拍摄界面

图1-4　调整素材画面比例

图1-5　添加标签及背景音乐

图1-6　进入发布界面

3）抖音 App 的浏览和互动

在抖音 App 首页中通过滑动手指可以浏览短视频或关注用户发布的短视频，点击短视频即可播放短视频，同时可以通过点击对应的按钮对短视频进行点赞、评论和分享等。点击右上角的"放大镜"按钮，即可打开搜索框，用户可以搜索自己感兴趣的内容。此外，在抖音 App 上，用户还可以参与热门挑战并发布作品。

抖音 App 首页上方的几个菜单选项说明如下。

（1）"推荐"选项：可查看根据大数据向用户推荐的最新发布的短视频。

（2）"商城"选项：可进入抖音 App 的商城中浏览或购买产品。

（3）"关注"选项：可查看被关注的用户最新发布的短视频。

（4）"同城"选项：可查看所在地附近的用户最新发布的短视频。

（5）"经验"选项：以图文形式展现店铺获得的点赞、转发、评论和收藏等经验值，可帮助店铺获得更多的曝光和订单。

（6）"直播"选项：可查看此时正在直播的用户。

（7）"团购"选项：专门为实体商家打造的模式。商家开通"团购"模式后，团购达人即可在直播间以小风车的形式展示门店的团购信息，让用户到线下店铺消费。

（8）"热点"选项：可查看抖音 App 上广受大众关注的信息，以及排行榜，包括热点榜、种草[①]榜、娱乐榜、社会榜等。

抖音 App 首页下方的几个功能选项和按钮说明如下。

（1）"我"选项：可查看本用户发布过的作品。

（2）"消息"选项：可查看被关注用户的互动消息和私信。

（3）"加号"按钮：可在抖音 App 上创作并发布作品。

（4）"朋友"选项：可查看相互关注的好友最新发布的短视频。

4）剪映 App 的基础知识

剪映 App 是一款短视频剪辑软件，与抖音 App 来自同一家公司，适用于手机、计算机全终端应用。剪映 App 提供了丰富的剪辑工具，用户使用这些工具能够制作出专业水平的短视频。剪映 App 具有模板多、更新快、特效好看、热门音乐多、调色功能强等特点。整体而言，剪映 App 非常适合新手使用。

---

① 本书中的"种草"意指给别人分享自己使用过的好物，并附上使用心得、效果图片等，旨在向其他用户推荐并引导其购买的行为。

5）剪映 App 的基本操作

（1）打开剪映 App。

点击"剪映"图标，打开剪映 App 初始界面，如图 1-7 所示。

（2）自由制作短视频。

点击"开始创作"按钮，打开手机相册，如图 1-8 所示。用户可根据需要选择照片或视频。选择后，选中下方的"高清"单选按钮，如图 1-9 所示。

图 1-7 打开剪映 App 初始界面　　图 1-8 打开手机相册 1　　图 1-9 选中"高清"单选按钮

如果选择了一个以上的素材，那么可点击"分屏排版"按钮，进入分屏排版界面，点击"布局"按钮，在多个分屏排版模板中选择一个，对多个素材进行分屏排版，如图 1-10 所示。分屏排版后，点击"比例"按钮，在给出的多个画面显示比例模板中选择一个，设置合适的画面显示比例，如图 1-11 所示。

对短视频排版完成后，点击"导入"按钮，短视频被导入主视频轨道。在下方点击不同的编辑工具按钮，可对短视频进行剪辑，也可添加文字、贴纸、画中画，还可设置音频、特效，如图 1-12 所示。

点击"导出"按钮，短视频被导出并保存到手机相册中。导出短视频如图 1-13 所示。可选择将短视频发布到抖音 App 或西瓜视频 App 上。将短视频发布到抖音 App 上如图 1-14 所示。保存到手机相册中的短视频在下次打开剪映 App 时，会自动出现在初始界面中，用户可选择并继续进行编辑和导出。

图 1-10　进行分屏排版

图 1-11　设置画面显示比例

图 1-12　编辑短视频

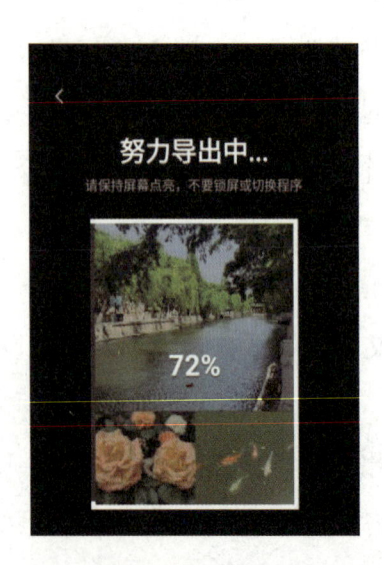

图 1-13　导出短视频

图 1-14　将短视频发布到抖音 App 上

项目1　图文类短视频《四季如诗》创作

（3）使用模板制作短视频。

在剪映App初始界面中，点击"剪同款"按钮，进入模板界面，如图1-15所示。在"全部模板"中选择任意一个模板，这里选择"一键下雪"图片，进入模板预览界面，预览模板效果，如图1-16所示。确认无误后，点击"剪同款"按钮，打开手机相册，如图1-17所示。用户可根据需要选择手机相册中的素材。

图1-15　进入模板界面　　　　图1-16　预览模板效果　　　　图1-17　打开手机相册2

也可以选择"直接拍摄"选项，打开"剪映想访问你的相机"对话框，单击"确定"按钮，设置好摄像头的使用情况。进入拍摄界面，选择"拍照"选项或"视频"选项，对时长等参数进行设置，点击"照相机"按钮或"摄像机"按钮，直接拍摄照片或视频，拍摄过程中会直接套用选定的模板，如图1-18所示。

拍摄完成后，选择"确认并继续拍摄"选项，素材会被自动保存到手机相册中，同时会被在当前界面中打开，如图1-19所示。点击"下一步"按钮，会按模板效果对素材进行合成，合成后，预览短视频的合成效果，如图1-20所示。

确认无误后，点击"1080P"下拉按钮，调整相关参数，之后点击"导出"按钮，导出合成后的短视频，如图1-21所示。导出的短视频被保存到手机相册中。

图 1-18　直接套用选定的模板

图 1-19　打开拍摄的素材

图 1-20　预览短视频的合成效果

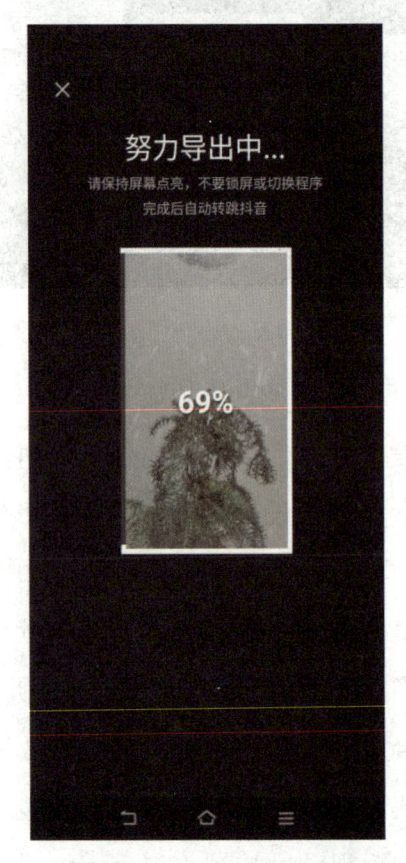

图 1-21　导出合成后的短视频

1.3 项目实施

项目实施部分介绍了图文类短视频《四季如诗》的创作过程，依次为制作图片入场动画、制作视频画中画、制作动态字幕、添加背景音乐、导出短视频、制作封面效果并发布短视频。

1. 制作图片入场动画

（1）点击"剪映"图标，如图 1-22 所示。

（2）打开剪映 App 初始界面，点击"开始创作"按钮，如图 1-23 所示。

（3）打开手机相册，选择"照片"选项，依次选择"立春"图片、"立夏"图片、"立秋"图片、"立冬"图片，选中下方的"高清"单选按钮，点击"分屏排版"按钮，如图 1-24 所示。

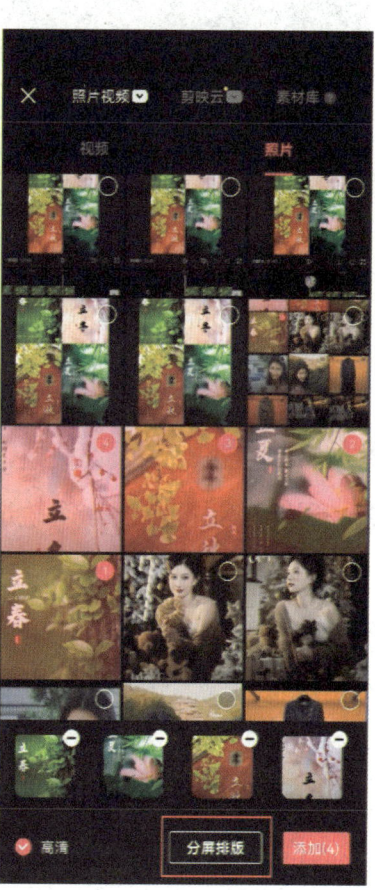

图 1-22　点击"剪映"图标　　图 1-23　点击"开始创作"按钮　　图 1-24　点击"分屏排版"按钮

（4）点击"布局"按钮，选择"四宫格"选项，如图 1-25 所示。

（5）点击"比例"按钮，选择"9∶16"选项，以适应竖版比例，如图 1-26 所示。

（6）点击图片，选择"替换"选项、"水平翻转"选项、"垂直翻转"选项或"旋转"选项可进行对应的操作，以适应已设定的布局和比例，如图1-27所示。

图1-25　选择"四宫格"选项

图1-26　选择"9∶16"选项

图1-27　选择"替换"选项、"水平翻转"选项、"垂直翻转"选项或"旋转"选项

（7）点击"导入"按钮，进入剪辑界面，如图1-28所示。点击轨道右侧的"折叠"按钮，展开4张图片的4个轨道，如图1-29所示。单击轨道上的一张图片，图片四周会出现红色边框。此时，长按图片进行拖动，即可将图片调整到合适的位置。按照"春、夏、秋、冬"的出场顺序，对4张图片的位置进行调整，先出场的图片在四宫格的左上角，然后依次在右下角、左下角、右上角。此时，"立春"图片、"立夏"图片、"立秋"图片、"立冬"图片的轨道从上到下排列，4张图片的默认播放时长都为3秒。

（8）点击轨道上的"立春"图片，轨道上会出现一个白色边框，按住白色边框右侧边缘线拖动，将播放时长延至4秒。以此类推，分别将其余3张图片的播放时长都延至4秒。

（9）点击轨道上的"立夏"图片，轨道上会出现一个白色边框，用手指按住白色边框左侧边缘线，将其拖动到0.5秒处，点击下方工具栏中的"分割"工具，在0.5秒处将"立夏"图片分割为两段。选中0～0.5秒的片段，点击下方工具栏中的"删除"工具将其删除，此时"立夏"图片在 0.5 秒处开始播放，至 4 秒处结束播放。

（10）重复步骤（9）的操作，分割并删除"立秋"图片 0～1 秒的片段，使其在 1 秒处开始播放，至 4 秒处结束播放；分割并删除"立冬"图片 0～1.5 秒的片段，使其在 1.5 秒处开始播放，至 4 秒处结束播放。此时，4 个轨道形成倒台阶形状，实现了"立春"图片、"立夏"图片、"立秋"图片、"立冬"图片依次出场的效果，如图 1-30 所示。

图 1-28　进入剪辑界面　　　　　图 1-29　展开轨道　　　　　图 1-30　形成倒台阶形状

（11）在轨道上选择"立春"图片，点击下方工具栏中的"动画"工具，选择"入场动画"中的"向上滑动"特效，设置特效时长为 0.8 秒，如图 1-31 所示；选择"立夏"图片，点击下方工具栏中的"动画"工具，选择"入场动画"中的"向右滑动"特效，设置特效时长为 0.8 秒，如图 1-32 所示。按照如上步骤，依次选择"立秋"图片、"立冬"图片，点击下方工具栏中的"动画"按钮，分别选择"入场动画"中的"向左滑动"特效和"放大"特效，设置特效时长都为 0.8 秒，如图 1-33 和图 1-34 所示。至此，图片入场动画制作完成。

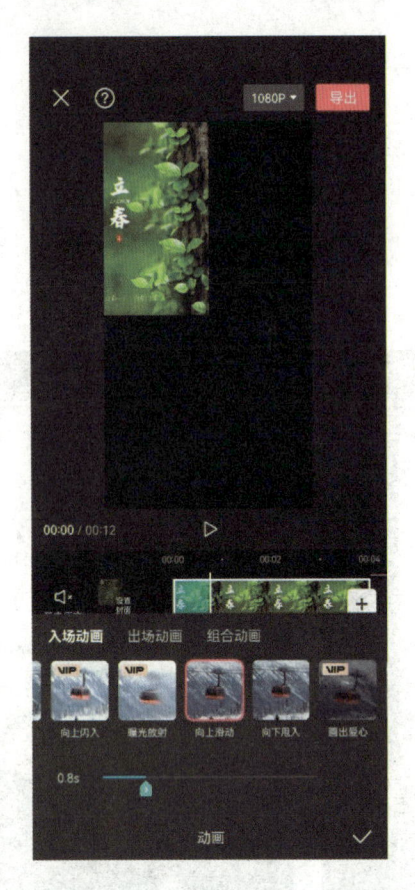

图 1-31 设置"立春"图片的动画效果 　　　　图 1-32 设置"立夏"图片的动画效果

图 1-33 设置"立秋"图片的动画效果 　　　　图 1-34 设置"立冬"图片的动画效果

2. 制作视频画中画

（1）将时间指针定位到第 4 秒处（注意不要选择轨道上的任何素材），点击下方工具栏中的"画中画"工具，出现"新增画中画"按钮，如图 1-35 所示。点击"新增画中画"按钮，自动打开手机相册，选择"视频"选项，选择"立春"视频，选中下方的"高清"单选按钮，点击"添加"按钮，将"立春"视频添加到轨道中，如图 1-36 所示。选择轨道中的"立春"视频，按住白色边框右侧边缘线拖动，调整时长为 2 秒。

（2）点击轨道上的"立春"视频，进入剪辑界面，查看"立春"视频是否充满了整个画面，如果过大或过小，那么可在预览界面中点击"立春"视频，当出现红色边框后，按住"立春"视频同时上下、左右双向拖动，可进行放大或缩小调整，按住"立春"视频旋转可调整"立春"视频的旋转角度，如图 1-37 所示。注意，用手指直接在手机上进行缩放或旋转操作，难免有细微误差。

图 1-35 出现"新增画中画"按钮　　图 1-36 添加"立春"视频　　图 1-37 调整画幅尺寸

（3）将时间指针定位到第 6 秒处，点击下方工具栏中的"画中画"工具，出现"新增画中画"按钮，按照制作图片入场动画的步骤（11），添加"立夏"视频，并调整"立夏"视频的画幅尺寸，使其充满整个画面，设置时长为 2 秒。

（4）按照制作图片入场动画的步骤（11），分别在第 8 秒、第 10 秒处，添加"立秋"

视频和"立冬"视频，调整画幅尺寸，并分别设置时长为 2 秒、3 秒。至此，视频画中画基本制作完成。

3. 制作动态字幕

（1）先点击界面空白处，再点击"返回"按钮，返回到初始剪辑界面，点击下方工具栏中的"文本"工具，如图 1-38 所示。下方工具栏自动跳转为文本工具栏，点击"文字模板"工具，打开文字模板库，如图 1-39 所示。在文字模板库中选择一个合适的模板。

（2）将时间指针定位到第 4 秒处，在"输入文字"文本框中输入"冥冥甲子雨，已度立春时"，如图 1-40 所示。选择字幕，将其拖动到合适的位置，调整文字的大小和位置，使其与"立春"视频左右对齐。

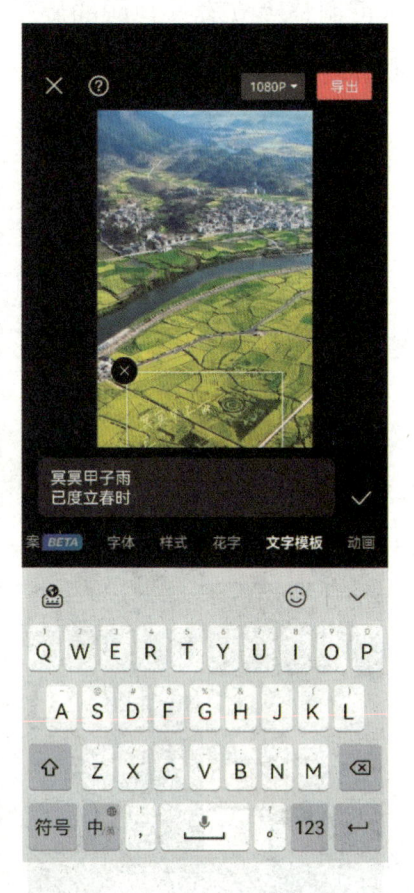

图 1-38 点击"文本"工具　　图 1-39 打开文字模板库　　图 1-40 为"立春"视频添加字幕

（3）按照步骤（2），在第 6 秒处，为"立夏"视频添加字幕"立夏少半月，谷雨是今朝"；在第 8 秒处，为"立秋"视频添加字幕"始惊三伏尽，又遇立秋时"；在第 10 秒处，为"立冬"视频添加字幕"倏忽秋又尽，明朝恰立冬"。

（4）调整字幕效果，如图 1-41 所示。在第 12 秒处，添加并编辑字幕"四季如诗"，设置时长为 1 秒，如图 1-42 所示。至此，动态字幕制作完成。

图 1-41 调整字幕效果

图 1-42 添加并编辑字幕"四季如诗"

4. 添加背景音乐

（1）将时间指针定位到第 0 秒处，点击轨道左侧的"关闭原声"按钮，如图 1-43 所示，该按钮显示为"开启原声"，此时所有视频原声均被关闭，如图 1-44 所示。

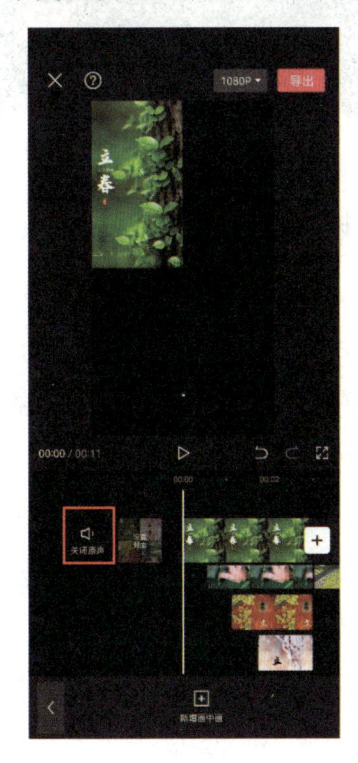

图 1-43 点击"关闭原声"按钮

图 1-44 显示为"开启原声"

（2）点击"返回"按钮，返回到初始剪辑界面，点击下方工具栏中的"音频"工具，如图1-45所示。在音频工具栏中，点击"音乐"工具，在下方选择"导入音乐"中的"本地音乐"选项，如图1-46所示。

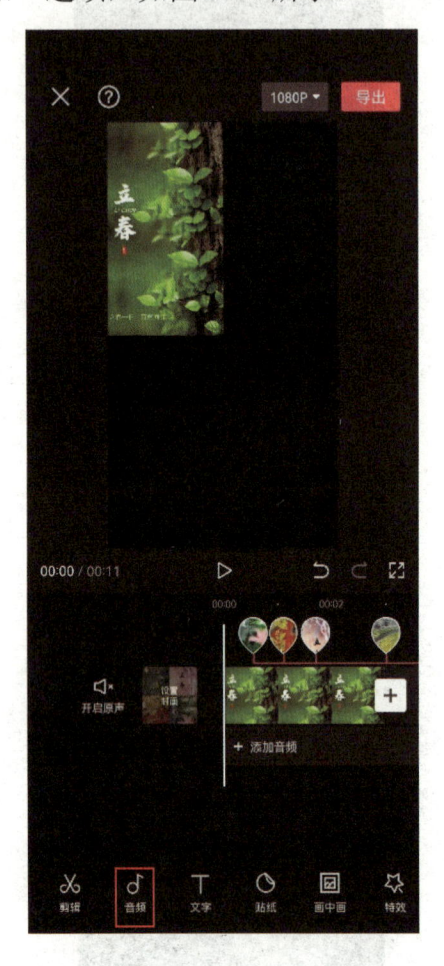

图1-45 点击"音频"工具

图1-46 选择"本地音乐"选项

（3）选择音频"如诗四季"，点击"使用"按钮，音频"如诗四季"即被导入剪映App，如图1-47所示。

（4）将时间指针定位到第13秒处，点击轨道上的音频，点击下方工具栏中的"分割"工具，将音频分为两段，如图1-48所示。选择第二段音频，点击下方工具栏中的"删除"工具将第二段音频删除，此时，音频与短视频右对齐。

（5）点击轨道上的音频，点击"淡化"工具，在淡化编辑界面中，设置淡出时长为1.7秒，在末尾做一个淡出效果（音量逐渐减弱）处理，如图1-49所示。至此，背景音乐添加完成。

图1-47　导入音频　　　　图1-48　在第13秒处分割音频　　　　图1-49　设置淡出时长

5. 导出短视频

（1）点击"播放"按钮预览短视频，点击"1080P"选项下拉按钮，调整相关参数，之后点击"导出"按钮，打开完成界面，如图1-50所示。此时，短视频被导出到手机相册中，工程文件被保存到剪映App上。可选择将短视频分享到抖音App或西瓜视频App上。

（2）将短视频分享到抖音App上后还可以对其进行调整。在完成界面中点击"抖音"按钮，跳转到抖音App上，如图1-51所示。点击"下一步"按钮，打开发布界面，如图1-52所示。点击"发布"按钮即可发布短视频；点击"存草稿"按钮即可保存短视频为草稿。

6. 制作封面效果并发布短视频

（1）如果想为短视频添加封面效果，那么可以在发布界面中点击"选封面"按钮，选择一个合适的构图，或点击"相册"按钮，在手机相册中选择一张照片作为封面，如图1-53所示。点击右上角的"下一步"按钮，打开封面编辑界面，如图1-54所示。对封面进行编辑，如添加文字等。当然，也可以点击"模板"按钮，选择封面模板。

（2）点击右上角的"保存封面"按钮，进入发布界面，如图1-55所示。在发布界面中可以为素材添加话题、编写文案、加入地点等。添加完成后，点击"发布"按钮，即可发布短视频。

至此，图文类短视频"四季如诗"制作并发布完成，用户可在手机相册中浏览，或直接在抖音 App 上欣赏。

图 1-50　打开完成界面

图 1-51　跳转到抖音 App 上

图 1-52　打开发布界面

图 1-53　选择封面

图 1-54　打开封面编辑界面

图 1-55　进入发布界面

1.4 项目总结

图文类短视频《四季如诗》选用手机相册中有关的文字、图片、视频，使用剪映 App 进行了排版和剪辑，添加了标题、字幕、背景音乐，使用画中画功能设置了滤镜，进行了封面、话题包装，完成了短视频效果的合成输出，并发布到了抖音 App 上。图文类短视频《四季如诗》思维导图包含了知识、能力、素质、技能及思政五方面的内容，如图 1-56 所示。

知识
1. 什么是短视频及图文类短视频的特点
2. 短视频策划流程及短视频制作流程
3. 抖音App、剪映App的基础知识

能力
1. 进行图文类短视频策划
2. 使用抖音App制作、导出、发布图文类短视频
3. 使用剪映App制作、导出、发布图文类短视频

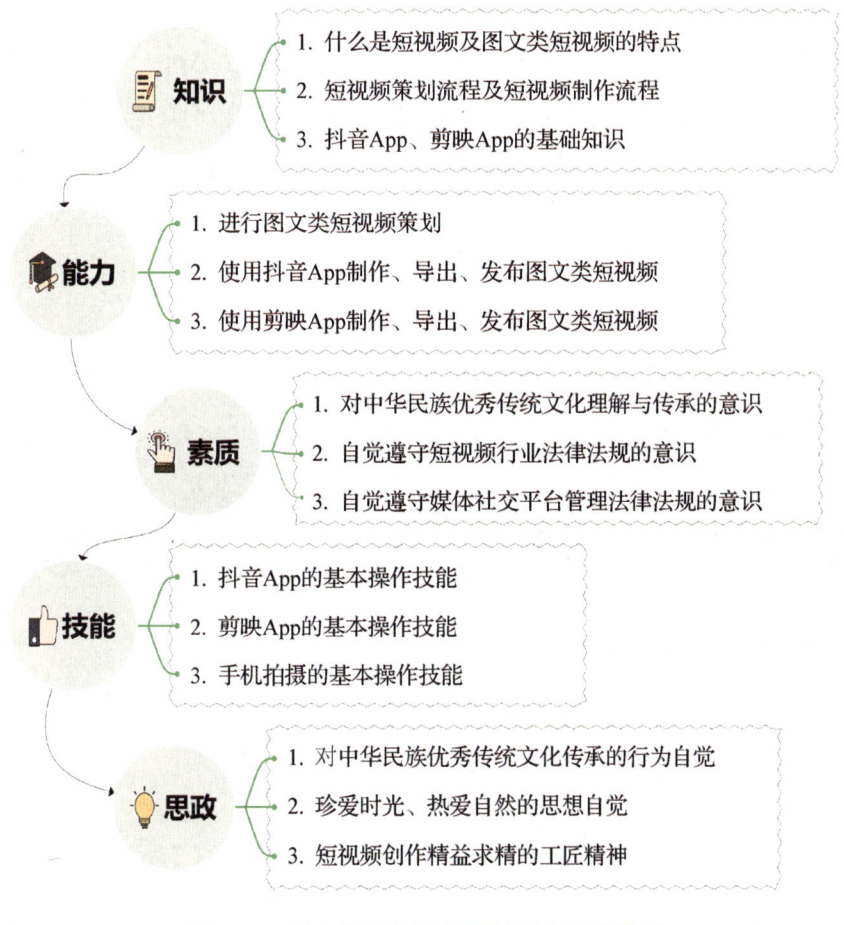

素质
1. 对中华民族优秀传统文化理解与传承的意识
2. 自觉遵守短视频行业法律法规的意识
3. 自觉遵守媒体社交平台管理法律法规的意识

技能
1. 抖音App的基本操作技能
2. 剪映App的基本操作技能
3. 手机拍摄的基本操作技能

思政
1. 对中华民族优秀传统文化传承的行为自觉
2. 珍爱时光、热爱自然的思想自觉
3. 短视频创作精益求精的工匠精神

图 1-56　图文类短视频《四季如诗》思维导图

1.5 项目拓展

实训 1

任务工单：使用抖音 App 上的模板制作个人电子相册。

任务策划：使用抖音 App，利用手机相册中的一组个人照片（6～16 张），选择自己喜欢的模板，制作个人电子相册，包含字幕、背景音乐。

操作要点：（1）在手机上安装抖音 App；（2）使用抖音 App；（3）选择自己喜欢的模板；（4）选择手机相册中的 6~16 张个人照片；（5）选择合适的背景音乐；（6）添加字幕；（7）设计封面；（8）发布作品。

实训 2

任务工单： 使用抖音 App 现场拍摄并制作图文类短视频《古诗吟诵》。

任务策划： 设计合适的拍摄场景，吟诵古诗《竹石》并进行现场拍摄，使用抖音 App 制作时长为 15 秒的短视频，包含字幕、背景音乐，设计封面。

操作要点：（1）在手机上安装抖音 App；（2）使用抖音 App；（3）吟诵古诗《竹石》并进行现场拍摄；（4）选择合适的背景音乐；（5）添加字幕"咬定青山不放松，立根原在破岩中。千磨万击还坚劲，任尔东西南北风。"；（6）设计封面；（7）发布作品。

项目 2

Vlog 类短视频《重回母校的一天》创作

2.1 项目创意

大学生活只有短短的 4 年，却是我们一生中难忘的回忆之一，母校情结更是给了我们在无数个艰难时刻坚持下去的力量。这 4 年是我们人生中的一次历练，在这 4 年中，我们不仅学会了知识，还学会了如何生存，我们在课堂上思考人生的意义，在社团中培养领导力，在志愿活动中传递温暖，这些都让我们在未来的日子中更加坚韧，更加自信，更加勇敢地去面对未知的挑战。

Vlog 类短视频《重回母校的一天》的创意就来自这样的母校情结，选取了大学生活中颇具代表性的片段进行记录，由图片和视频组成，配合字幕、配音、出场动画，表现工作后的学子重回母校的复杂心情。

Vlog 类短视频《重回母校的一天》使用剪映 App 编辑制作和导出。

2.2 技术要点

1. 认识 Vlog 类短视频

Vlog（Video blog）可以被理解为视频博客或视频网络日志。2012 年，YouTube 上出现了第一条 Vlog。Vlog 多为记录的创作者的个人生活日常，主题非常广泛，可以是参加大型活动的记录，也可以是生活日常的记录。这些记录经拍摄剪辑后，被发布到网络平台上与网友分享就成了 Vlog。

当前，在新媒体技术不断发展的背景下，Vlog 类短视频以短小精悍的特点成为许多人记录生活日常与工作的重要方式，尤其是在近年来新媒体行业不断发展的趋势下，Vlog 类短视频已经发展为一种特定的产业。

2. 短视频脚本策划

短视频脚本策划是指在短视频创作过程中，对脚本进行策划。脚本是短视频创作的核心，决定了短视频的故事情节、角色设定、对白等，对短视频的质量和播放效果起着至关重要的作用。

1）脚本策划的目标和原则

脚本策划的目标是通过精心设计的故事情节和生动的角色形象，吸引观众的注意力，传达信息，引起共鸣，达到宣传、推广、娱乐等目的。

脚本策划需要遵循以下原则。

（1）简洁明了。短视频的时长有限，脚本要简洁明了，避免冗长和啰唆。

（2）突出亮点。脚本要突出亮点，进而吸引观众的注意力，提升短视频的欣赏性和吸引力。

（3）引起共鸣。脚本要能够触动观众的情感，引起共鸣，提升短视频的影响力。

（4）幽默。利用幽默的元素和情节，增强观众的娱乐感，提高短视频的传播效果。

2）脚本策划的步骤

（1）明确短视频的主题和目的。进行脚本策划需要明确短视频的主题和目的，如是宣传产品、推广活动还是娱乐观众等。这有助于确定脚本的内容。

（2）设计故事情节。根据短视频的主题和目的，设计一个引人入胜的故事情节。故事情节应该紧凑、有张力，能够吸引观众的注意力并使观众产生情感共鸣。

（3）确定并设定角色。根据故事情节，确定所需角色，并对每个角色进行设定。角色的设定要符合故事情节的需要，能够体现角色的特点。

（4）编写对白。根据故事情节和角色的设定，编写对白。对白要简洁明了，能够表达角色的情感和思想，并推动故事情节的发展。

（5）添加亮点和幽默元素。在脚本中添加亮点和幽默元素，可以提高短视频的欣赏性和娱乐性。可以通过设置悬念、反转、笑点等来达到这个目的。

（6）明确脚本的整体结构和时长。确保脚本的整体结构紧凑有序，时长控制在短视频要求的范围内。避免内容过于冗长或简短，影响短视频的效果。

以短视频《天下第一泉》为例，分镜头脚本如表 2-1 所示。注意，目的地为趵突泉公园，主题为"来一场超越时空的邂逅"。

表 2-1 《天下第一泉》分镜头脚本

镜号	景别	拍摄方式	时长	音乐	内容/对白	备注
1	大全景	无人机	3 秒	《不如见一面》	你能猜到这是哪儿吗	探寻千年泉源，领略自然美景和人文韵味
2	远景	仰拍 逐渐推进	1 秒	《不如见一面》	无	蓝天白云，青山飞鸟，趵突泉正门
3	小全景	镜头 下摇	1 秒	《不如见一面》	都说建筑是有温度、有情感的	主角漫步拍照
4	特写	平拍	2 秒	《不如见一面》	指尖轻抚，驻足凝望	主角用手轻抚雕花，假装与时空对话
5	特写	平拍	2 秒	《不如见一面》	便能聆听来自另一个时空的对话	主角使用同一角度，用手轻抚漱玉泉栏杆

续表

镜号	景别	拍摄方式	时长	音乐	内容/对白	备注
6	小全景+特写	仰拍+平拍	2秒	《不如见一面》	听！就连风，也在诉说自己的故事	主角桥上漫步，摆出拨弄风车等姿势
7	小全景	平拍	4秒	《不如见一面》	这样超越时空的胜地，你，喜欢吗？评论说出你心中的打卡胜地，我将邀你下期一起前往	家家泉水 户户垂柳 青石板路面 竹林幽深

3. 运动镜头的拍摄与使用

运动镜头的拍摄方式是一种利用摄像机在推、拉、摇、移、跟等形式的运动中进行拍摄的方式。拍摄运动镜头是突破画框边缘的局限、拓宽视野的一种方法。镜头的运动方式必须符合人们观察事物的习惯。

1）推镜头

推镜头是指摄像机通过运动逐渐接近被拍摄对象，这时取景范围由大变小，从而逐渐排除背景，把注意力引向被拍摄对象。因此，推镜头通常由景到人，是特别能够吸引人注意力的一种方式。

2）拉镜头

拉镜头是指摄像机逐渐远离被拍摄对象，这时取景范围由小变大。拉镜头的作用是先强调主体，再通过摄像机的后拉把被拍摄对象和环境的关系建立起来。因此，拉镜头通常由人到景，是一种让人把注意力从身上转向环境中的基本手段。

3）摇镜头

摇镜头是指借助三脚架的活动底座，使摄像机上下或左右摇转。在拍摄摇镜头时，摄像机与被拍摄对象基本保持距离，只是镜头上下或左右摇转。因此，摇镜头模拟的是人脑左右转动或抬起垂下的动作。

4）移镜头

移镜头是指横移镜头，以摄像机的拍摄方向和运动方向成垂直或成一定角度来移动镜头，类似于一边走一边侧着头看。移镜头围绕被拍摄对象运动，即环拍。

5）跟镜头

在拍摄跟镜头时，摄像机的拍摄方向和运动方向一致，且与被拍摄对象的运动方向保持固定的距离或有一定的变化。跟镜头又类似于一边走一边向前看或向后看，即跟拍。

4. 剪映 App 的基础工具

1)"分割"工具

把一个完整的音频或视频分割成若干个音频或视频，分割后的每个音频或视频都被称为一个片段。每个片段都可以独立进行操作，其他片段不受影响。"分割"工具可以用于主视频轨道、画中画轨道、音频轨道、文本轨道、贴纸轨道、特效轨道、滤镜轨道、调节轨道的分割。

"分割"工具的使用方法如下。

（1）选择整个视频或一个片段，将时间指针定位到要分割的位置，如图 2-1 所示。

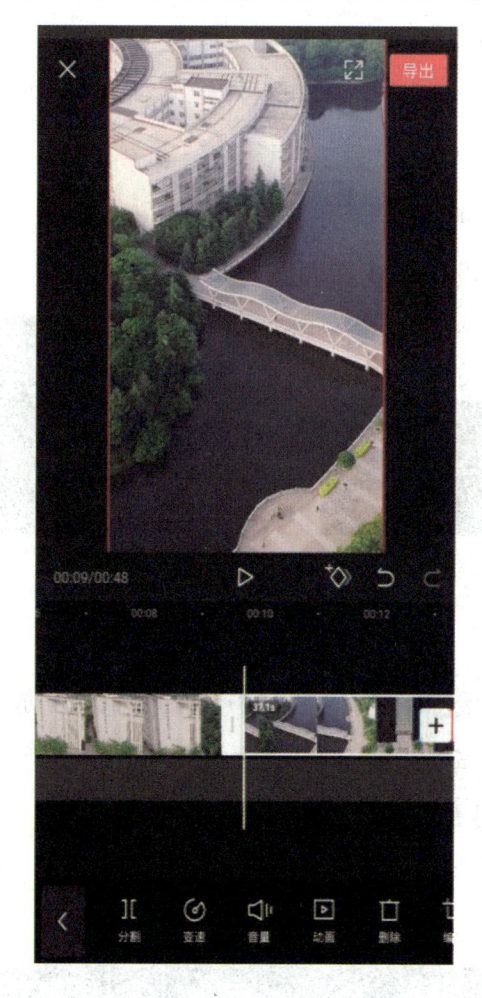

图 2-1　将时间指针定位到要分割的位置

（2）点击"分割"工具。

2)"复制"工具与"删除"工具

点击"复制"工具即可复制整个视频或其中一个片段。点击"删除"工具即可删除整个视频或其中一个片段。"复制"工具与"删除"工具分别可以用于主视频轨道、画中画轨道、音频轨道、文本轨道、贴纸轨道、特效轨道、滤镜轨道、调节轨道的复制与删除。

"复制"工具与"删除"工具的使用方法如下。

（1）选择整个视频或其中一个片段，将时间指针定位到要复制或删除的整个视频或一个片段上。

（2）点击"复制"工具或"删除"工具。

3)"变速"工具与"倒放"工具

（1）"变速"工具。

目前，支持 0.1～10 倍速之间的慢放和快放，可以选中"声音变调"单选按钮，此时在倍速播放的同时，声音也会变调，变速之后，短视频时长会相应地发生改变。

"变速"工具的使用方法如下。

① 选择整个视频或一个片段，将时间指针定位到要变速的整个视频或一个片段上。

② 点击"常规变速"工具，如图 2-2 所示。

③ 按住"○"图标左右拖动，即可调节播放速度，如图 2-3 所示。通过选中和取消选中"声音变调"单选按钮可设置在变速的同时声音是否变调。

图 2-2　点击"常规变速"工具

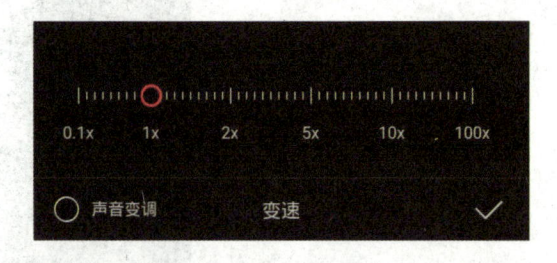

图 2-3　调节播放速度

（2）"倒放"工具。

点击"倒放"工具即可倒放（从后往前播放）。使用"倒放"工具可以制作出时光倒流的效果。倒放只针对视频，音频还是正常播放的。

"倒放"工具的使用方法如下。

① 选择整个视频或一个片段，将时间指针定位到要倒放的整个视频或一个片段上。

② 点击"倒放"工具，如图 2-4 所示。

图 2-4　点击"倒放"工具

4)"音量"工具

"音量"工具的使用方法如下。

（1）选择整个视频或一个片段，将时间指针定位到要调节音量的整个视频或一个片段上。

（2）点击"音量"工具。

（3）按住"○"图标左右拖动，即可调节音量。最大可以增加一倍音量，如果想把整个视频或一个片段静音，那么向左拖动到 0 即可。

5）"降噪"工具

当拍摄光线不足时，设备会通过放大电平信号让画面显得更亮一些，这也会导致噪点信号同步放大，在画面中会看到大大小小的颗粒状的点，这就是人们常说的视频噪点。"降噪"工具只作用于视频，不能作用于导入的图片。如果想对导入的图片降噪，那么可以先导入图片，然后把图片导出成视频，最后导入这个视频，这样就可以成功降噪了。当然，也可以使用图片处理软件降噪。

"降噪"工具的使用方法如下。

（1）选择整个视频或一个片段，将时间指针定位到要降噪的整个视频或一个片段上。

（2）点击"降噪"工具，如图 2-5 所示。打开降噪开关，如图 2-6 所示。

图 2-5　点击"降噪"工具　　　　　　　图 2-6　打开降噪开关

2.3　项目实施

项目实施部分介绍了 Vlog 类短视频《重回母校的一天》的创作过程，依次为撰写脚本、导入素材、编辑素材——剪去无关镜头、编辑素材——添加出场动画、添加字幕及配音、导出短视频。

1. 撰写脚本

依据前期的初步构想，根据策划思路，编写 Vlog 类短视频《重回母校的一天》分镜头脚本。Vlog 类短视频《重回母校的一天》分镜头脚本如表 2-2 所示。

表 2-2　Vlog 类短视频《重回母校的一天》分镜头脚本

镜号	景别	拍摄方式	时长	音乐	内容/对白	素材
1	近景	俯拍	4 秒	无	工作后终于有机会回到鲁迅美术学院了，真的很激动	行李箱照片
2	近景	平拍	8 秒	无	到山海关了，总有朋友告诉我过了山海关就回家了，现在我也明白了山海关的意义	高铁车厢内的站名"山海关"照片

续表

镜号	景别	拍摄方式	时长	音乐	内容/对白	素材
3	近景	平拍	6 秒	无	沈阳北站，每次来沈阳都在这里下车，马上就能见到朋友们了	沈阳北站指示牌照片
4	中景	平拍	5 秒	无	第一站，鲁迅美术学院，想给朋友们一个惊喜，没告诉任何人我回来了	鲁迅美术学院大门照片
5	近景	平拍	10 秒	无	所有的"门禁"都记得我，鲁迅美术学院果然是爱我的。但是我忘记了今天周六，我爱的朋友们不在学校，果然，学校里的一切都没变，包括我的"蠢"	两个门禁识别视频和朋友圈截图
6	近景	俯拍	5 秒	无	沈阳好吃的真的很多。和朋友们吃了很多顿饭	美食照片
7	近景	俯拍	10 秒	无	和王女士吃了好吃的比萨，她说想吃的都点上，吃不了打包，你好不容易来一次，想吃的一定要吃到	比萨照片
8	近景	俯拍	7 秒	无	鲁迅美术学院的老师们还是这么好，他们可爱得让我不忍心离开	美食照片
9	近景	俯拍	3 秒	无	最后一天晚上和朋友们吃了烤肉	烤肉店照片
10	近景	俯拍	10 秒	无	吃完饭我们走回各自的家，大家都不住宿舍了，但都在鲁迅美术学院附近，同样的路，同样的人，同样忙里偷闲的聚会，以后一定还会有很多次吧	散步视频
11	近景	平拍	15 秒	无	毕业的时候安慰自己说，迷失的人迷失了，相逢的人会再相逢，或许这是真的，还是大一的我们，但是这次好像没有时间和精力再去"P"照片了	大一到就业的合影
12	中景	平拍	17 秒	无	又要离开了，还有很多话没来得及告诉我亲爱的朋友们，比如在离开的日子里我真的很想他们，比如在王女士的办公室里甚至比在我自己的办公室里更加自在，比如老师这次答应给我画的我好看的样子一定要快些呀……	沈阳北站照片

通过对本次旅程片段的整理，结合时间顺序与自身感情，完成分镜头脚本的撰写。至此，Vlog 类短视频《重回母校的一天》的前期准备工作完成。

2. 导入素材

（1）点击"剪映"图标，如图 2-7 所示。

（2）打开剪映 App 初始界面，点击"开始创作"按钮，如图 2-8 所示。

（3）打开手机相册，如图 2-9 所示。依次选择所需素材，将所选素材导入。

（4）选择导入的素材后，按住并拖动导入的素材即可调整导入的素材的先后顺序，如图 2-10 和图 2-11 所示。

项目2 Vlog类短视频《重回母校的一天》创作

图2-7 点击"剪映"图标

图2-8 点击"开始创作"按钮

图2-9 打开手机相册

图2-10 选择导入的素材

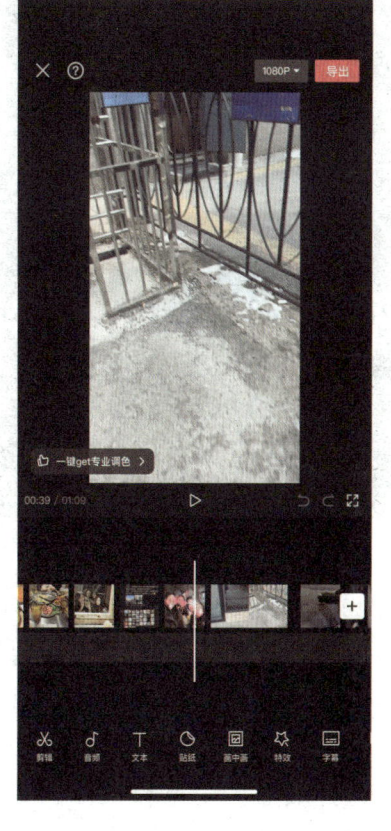

图2-11 按住并拖动导入的素材

033

3. 编辑素材——剪去无关镜头

将素材添加至剪映 App 上后，选择需要编辑的素材，即可对所选素材进行独立编辑。可以通过编辑工具独立编辑每个素材，从而达到剪去无关镜头的效果，下面介绍具体的操作方法。

（1）选择需要编辑的素材后，素材会被白色边框框选，素材下方的工具会自动转换为视频编辑工具，如图 2-12 所示。

（2）将时间指针定位到要分割的位置后，点击"分割"工具，即可将素材一分为二，如图 2-13 所示。

（3）完成上述操作后，素材被一分为二。将时间指针定位到不需要的一部分素材上，点击"删除"工具即可将这部分素材删除，如图 2-14 所示。

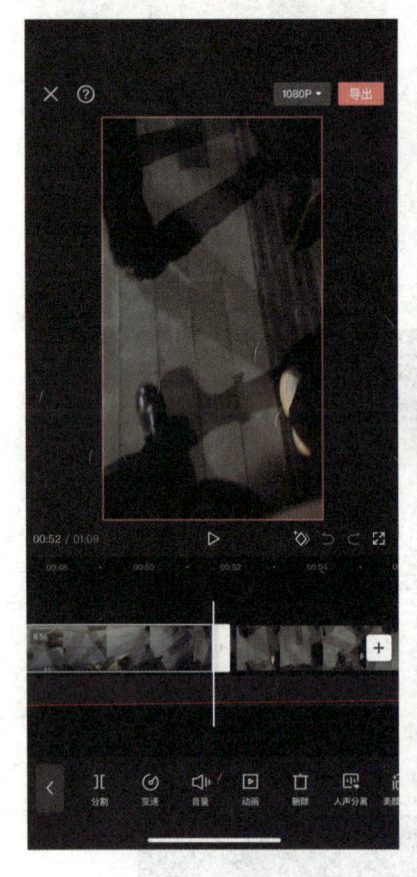

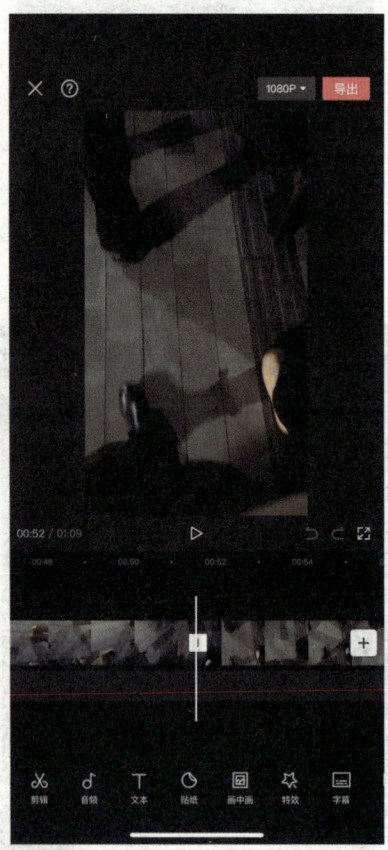

图 2-12　选择素材　　　　图 2-13　分割素材　　　　图 2-14　删除素材

（4）重复上述操作，即可剪去所有无关镜头。

4. 编辑素材——添加出场动画

（1）选择最后一个素材，如图 2-15 所示。

（2）点击下方工具栏中的"动画"工具，选择"出场动画"中的"渐隐"特效，点击"对号"图标即可添加出场动画，如图 2-16 所示。移动特效选项下方的滑块，即可调整特效时长。

图 2-15　选择最后一个素材　　　　　　图 2-16　添加出场动画

至此，Vlog 类短视频《重回母校的一天》的添加出场动画部分制作完成。

5. 添加字幕及配音

（1）点击下方工具栏中的"文本"工具，如图 2-17 所示。

（2）下方工具栏自动跳转为文本工具栏，点击"新建文本"工具，如图 2-18 所示。

（3）在出现的文本框中输入字幕，使用文本框下方的工具可更改字幕的颜色及样式。输入完成后，点击文本框后面的"对号"图标即可添加字幕，如图 2-19 所示。

（4）添加字幕后，主视频轨道下方出现文本轨道，选择文本轨道，文本轨道上会出现一个白色边框，拖动白色边框两侧边缘线即可调整字幕出现的时长，如图 2-20 所示。

（5）在文本工具栏中找到"文本朗读"工具，如图 2-21 所示。

（6）点击"文本朗读"工具即可选择音色，如图 2-22 所示。点击"音色选择"后面的"对号"图标即可添加配音。添加成功后，文本轨道左上方出现 图标，如图 2-23 所示。

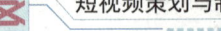

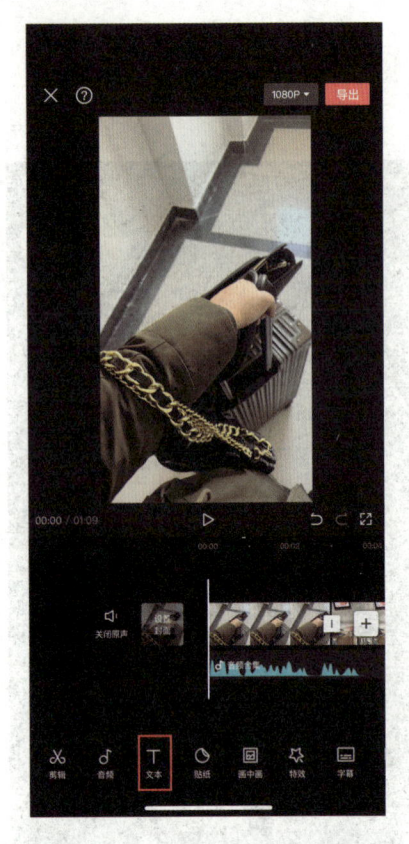

图 2-17 点击"文本"工具

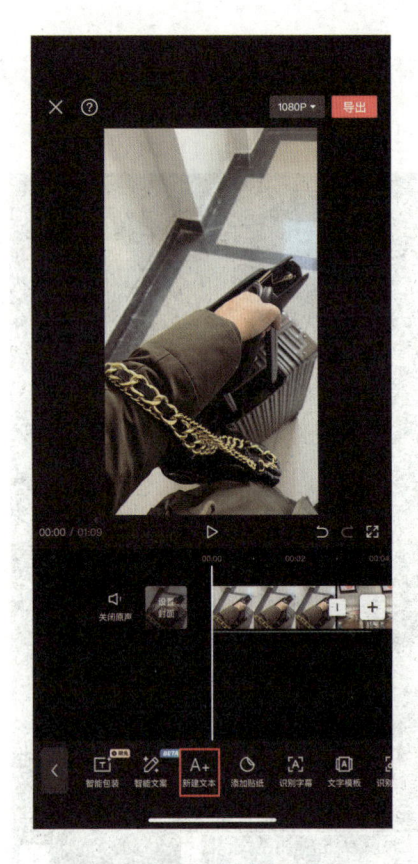

图 2-18 点击"新建文本"工具

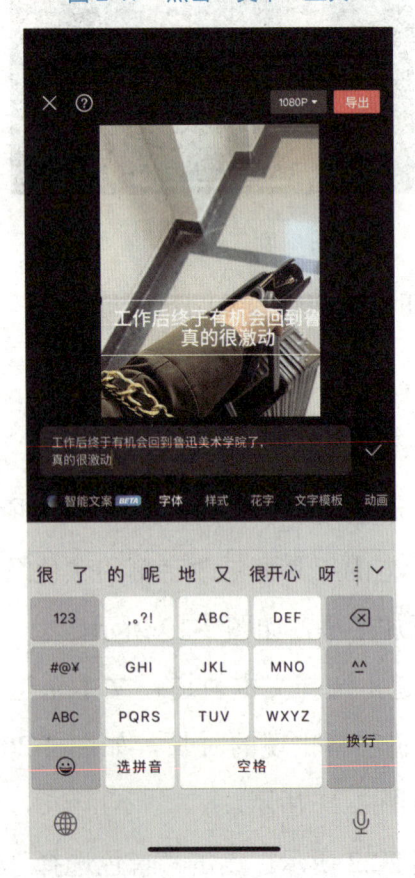

图 2-19 添加字幕

图 2-20 调整字幕出现的时长

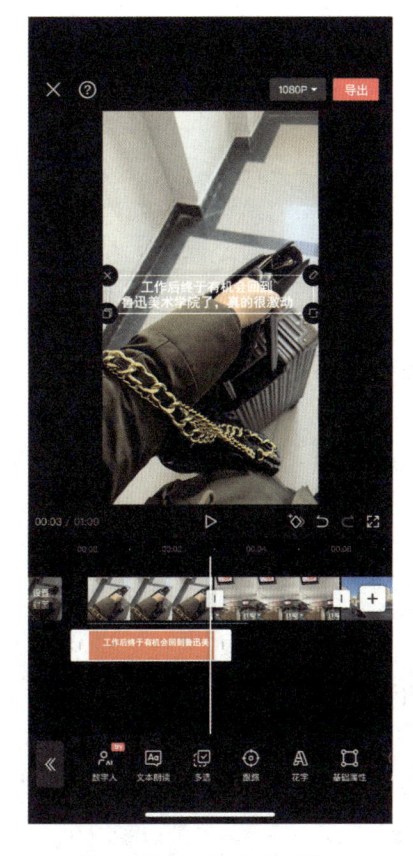

项目2　Vlog类短视频《重回母校的一天》创作

图2-21　找到"文本朗读"工具 　　图2-22　选择音色 　　图2-23　出现 Aa 图标

至此，Vlog类短视频《重回母校的一天》的添加字幕及配音部分制作完成。

6. 导出短视频

（1）点击"1080P"下拉按钮，即可调整分辨率、帧率、码率等参数，如图2-24所示。

（2）参数调整完成后，点击"导出"按钮，即可导出短视频至手机相册中。

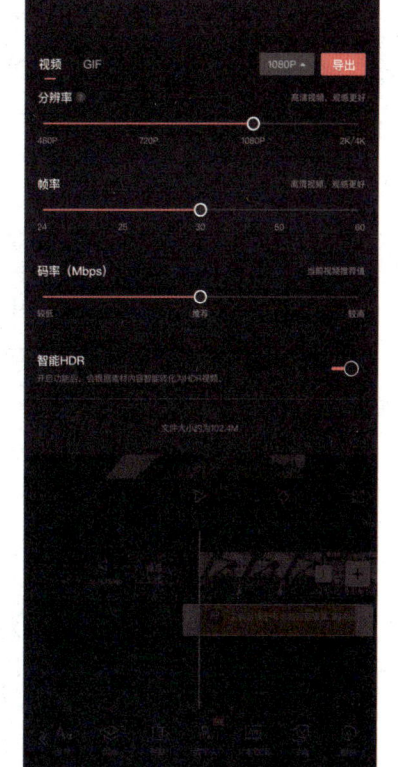

2.4　项目总结

Vlog类短视频《重回母校的一天》选用手机相册中有关的文字、图片、视频，使用剪映App进行了排版和剪辑，添加了标题、字幕、配音，完成了短视频效果的合成输出。Vlog类短视频《重回母校的一天》思维导图包含了知识、能力、素质、技能及思政五方面的内容，如图2-25所示。

图2-24　调整参数

037

知识
1. Vlog类短视频的特点
2. 如何策划Vlog类短视频
3. 剪映App的基本功能与操作方法

能力
1. 自主进行Vlog类短视频的策划
2. 使用剪映App制作、导出Vlog类短视频

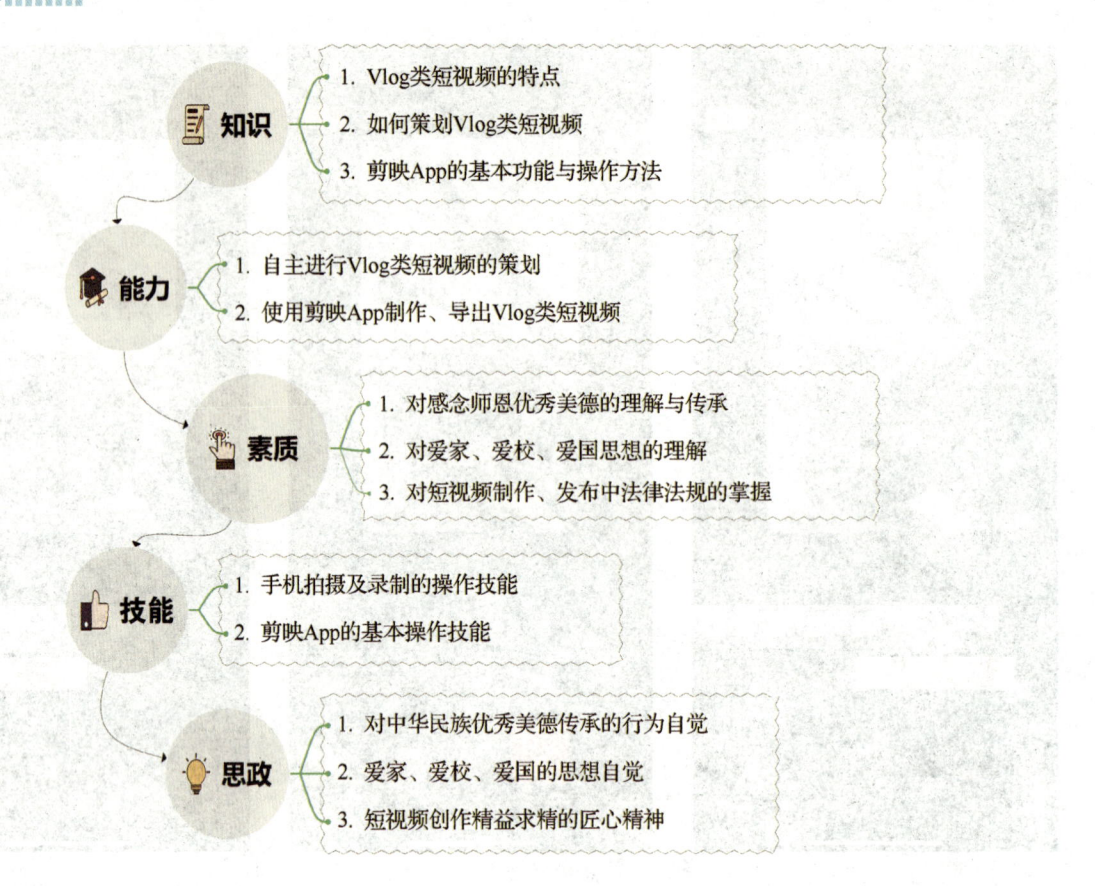

素质
1. 对感念师恩优秀美德的理解与传承
2. 对爱家、爱校、爱国思想的理解
3. 对短视频制作、发布中法律法规的掌握

技能
1. 手机拍摄及录制的操作技能
2. 剪映App的基本操作技能

思政
1. 对中华民族优秀美德传承的行为自觉
2. 爱家、爱校、爱国的思想自觉
3. 短视频创作精益求精的匠心精神

图2-25　Vlog类短视频《重回母校的一天》思维导图

2.5 项目拓展

实训1

任务工单：制作Vlog类短视频《中职生的一天》。

任务策划：使用剪映App，利用手机相册中的照片与视频，按照时间顺序制作Vlog类短视频《中职生的一天》，包含字幕、背景音乐或配音。

操作要点：（1）在手机上安装剪映App；（2）使用剪映App；（3）选择自己喜欢的照片或视频；（4）添加字幕；（5）选择合适的背景音乐或配音；（6）导出作品。

实训2

任务工单：制作Vlog类短视频《整理房间》。

任务策划：使用剪映App，利用手机依照分镜头脚本拍摄整理房间的短视频，按照时间顺序整理拍摄素材，制作Vlog类短视频《整理房间》，包含字幕、背景音乐或配音。

操作要点：（1）在手机上安装剪映App；（2）使用剪映App；（3）选择自己喜欢的照片或视频；（4）添加字幕；（5）选择合适的背景音乐或配音；（6）导出作品。

项目 3

生活类短视频《中国年 齐河味》创作

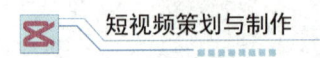

3.1 项目创意

春节是由上古时代岁首祈岁祭祀演变而来的。上古时代，人们在春回大地、万象更新的岁首，举行祭祀活动以报祭天地众神、祖先的恩德，驱邪攘灾、祈岁纳福。千百年来，春节一直是中国十分重要的传统节日之一，更是无数漂泊在外人民的精神寄托。

生活类短视频《中国年 齐河味》的创意就来自我国的春节。该短视频选取了春节过节习俗中颇具代表性的片段进行记录，并融入了齐河当地的特产及非遗技艺，由多个片段组成，配合字幕、背景音乐表现中国春节中的喜气洋洋。

生活类短视频《中国年 齐河味》使用剪映 App 编辑制作和导出。

3.2 技术要点

1. 生活类短视频的特点

生活类短视频凭借轻量化、娱乐化、个性化的特点满足了互联网时代大众对碎片化信息的需求，目前已成为一种社交媒体平台的流行内容表现形式，具有如下特点。

（1）时长有限。生活类短视频通过内容精练、主题清晰、表达简洁的特点，引起观众的兴趣，使观众保持观看的注意力。

（2）故事逻辑性较强。为了引发观众的情感共鸣，生活类短视频的故事逻辑性较强，通过情节设计和故事发展，提升观赏性和增强吸引力。

（3）有较高的画面质量、美感和创意。生活类短视频通过设置动画、添加特效、进行剪辑等增强视觉冲击力。

（4）画面生动，开头引人入胜，配乐有趣。生活类短视频通过生动的画面、引人入胜的开头和有趣的配乐，快速吸引观众的注意力。

（5）观众通过评论、点赞、分享等方式参与互动。生活类短视频强调观众的身份认同和情感共鸣，观众有较高的参与度。

总之，生活类短视频在不同的社交媒体平台上有不同的特点。在制作生活类短视频时，要考虑平台的画面比例和尺寸要求，以及观众的使用习惯。

2. 景别与构图

1）景别

景别也称镜头范围，是指摄像机与被拍摄对象的距离不同，造成被拍摄对象在画面中呈现出不同的大小。调整景别是提升影视作品质量的重要手段，不同的景别会产生不同的艺术效果。我国古代绘画有这样一句话："近取其神，远取其势"，一部电影的影像就是将能够产生不同艺术效果的景别组合在一起的结果。我国影视作品画面的景别大致分为远景、全景、中景、近景、特写5种。

（1）远景。

远景是视距最远的景别。远景画面如以人为尺度，人在画面中仅占最小的面积，呈现一个点状体。远景画面开阔，景深悠远。这种景别能充分展示人物活动的环境空间，可以用来介绍环境，展示事物的规模和气势，还可以用来抒发感情，渲染气氛，创造某种意境。影视创作中有"远景写其势，近景写其质"的说法。远景画面常被运用在电视片段的开头、结尾。远景如图3-1所示。

图3-1 远景

比远景的视距还要远的景别，被称为大远景，它的取景范围更大，适宜表现广袤的自然景色，能创造深邃的意境。

（2）全景。

对于景物而言，全景是用于表现景物全貌的景别；而对于人物来说，全景是用于表现人物全身形貌的景别。全景既可以表现单人全貌，又可以同时表现多人全貌。从表现人物情况的角度来说，全景又被称为"全身镜头"，在画面中，人物比例关系大致与画幅高度相同。与场面宏大的远景相比，全景表现的内容更加具体和突出。无论是表现景物还是表现人物，全景都比远景更注重具体内容的展现。对于表现人物的全景，画面中会同时保留一定的环境，但是画面中的环境处于从属地位，作为一种造型的补充和背景的衬托。全景如图 3-2 所示。

图 3-2　全景

（3）中景。

中景是用于表现人物膝盖以上部分或场景局部的景别，一般不要正好卡在关节部位，这是因为卡在关节部位（脖子、腰关节、腿关节、脚关节等）是摄像构图中所忌讳的。与全景相比，中景包容景物的范围有所缩小，环境处于次要地位，重点在于表现人物的上半身动作。由于中景为叙事性的景别，因此中景在影视作品中所占的比重较大。中景如图 3-3 所示。

图 3-3　中景

（4）近景。

近景是用于表现人物胸部以上部分或物体局部的景别。由于近景的屏幕形象是近距离观察人物的体现，因此近景中能看清人物的细微动作。近景是人物之间进行情感交流的景别。近景着重表现人物的面部表情，传达人物的内心世界，是有力刻画人物性格的景别。电视节目中主持人与观众进行情绪交流多用近景。近景适配于电视屏幕小的特点，在电视摄像中较多使用。因此，有人说电视是近景和特写的艺术。近景往往能够留给观众比较深刻的印象。近景如图3-4所示。

图3-4 近景

（5）特写。

特写是用于表现画面的下边框在成人肩部以上的图像，或其他被拍摄对象局部的景别。特写的被拍摄对象充满画面，比近景更加接近观众。特写的背景处于次要地位，特写能细微表现人物的面部表情，具有生活中不常见的特殊的视觉感受，主要用来描绘人物的内心活动。例如，演员通过面部表情把内心活动传递给观众。在特写画面中，无论是人物还是其他被拍摄对象，均能给观众留下深刻的印象。特写如图3-5所示。

图3-5 特写

2）构图

怎样理解"构图"一词呢？构图是艺术家为了表现作品的主题思想和美感效果，在一定的空间内，处理人、景、物的关系和位置，把个别或局部的形象组成艺术的整体。简单来说，构图就是指如何把人、景、物安排在画面中以获得最佳布局的方法。

（1）三分法构图。

在使用三分法构图时，画面的横向和纵向被平均分成3份，线条交叉处叫作趣味中心。因为人们平时在看一张照片时，目光通常会优先被吸引到趣味中心，所以在拍照时，应尽可能地将主体安排到趣味中心附近。三分法构图如图 3-6 所示。

图 3-6　三分法构图

（2）黄金分割构图。

在使用黄金分割构图时，将画面平均分为 9 份，黄金分割构图在有些地方又被称为九宫格构图或井字型构图。黄金分割构图的趣味中心接近画面的黄金分割点。对于初学者来说，怎样在拍照时找到黄金分割点呢？其实在很多相机（包括一些手机相机）中都内置了构图辅助线功能，开启这个功能就会自动在取景器中添加构图辅助线，来帮助进行构图。黄金分割构图如图 3-7 所示。

图 3-7　黄金分割构图

（3）对角线构图。

对角线构图是指将主体安排到画面的对角线位置上，让主体在画面上呈现出一种对角关系。采用这种构图方法可以使拍摄出的画面得到很好的纵深效果与立体效果，画面中的线条还可以吸引人的视线,让画面看起来更加有活力,达到突出主体的效果。对角线构图如图 3-8 所示。

图 3-8　对角线构图

(4) S 形曲线构图。

S 形曲线构图是指利用画面中具有类似 S 形曲线的元素构图。在采用 S 形曲线构图时,并非要求一定是一个完美的 S 形曲线,可以是并没有完全形成 S 形的曲线,也可以是弧度很小的类似 S 形的曲线。S 形曲线构图如图 3-9 所示。

图 3-9　S 形曲线构图

(5) 对称式构图。

对称式构图是指利用画面中景物拥有的对称关系构图。对称式构图往往会给人带来一种稳定、正式、均衡的感受。对称式构图如图 3-10 所示。

图 3-10　对称式构图

(6) 框架式构图。

框架式构图是比较经典的构图方法，当被拍摄对象周围出现一些框架元素（窗户、门框、洞口等）时，便可以使用这些元素进行构图。框架式构图如图 3-11 所示。

图 3-11　框架式构图

3. 声音处理与音画合一

在当今社会，短视频已成为人们获取信息和娱乐的重要方式。在众多类型的短视频中，生活类短视频以真实、贴近生活的特点，深受广大观众喜爱。而声音处理与音画合一是生活类短视频创作的关键环节，对提升短视频质量具有重要意义。

1）声音处理的实现

（1）声音采集：在录制生活类短视频时，应选择高质量的录音设备，以确保声音清晰、无杂音。同时，应注意环境音的采集，以营造真实的氛围。

（2）声音剪辑：在后期制作中，应根据短视频内容对声音进行剪辑，以去除不必要的噪声，保留关键信息。同时，应适当添加背景音乐调整音效，以增强短视频的表现力。

（3）声音调色：在后期制作中，应调整音量、均衡器等参数，以使声音更具层次感。例如，在呈现大自然风光时，可以增强鸟鸣、风声等自然音效，以营造宁静、和谐的氛围。

2）音画合一的实现

（1）同步性：确保短视频与声音的同步，避免出现音画不同步的情况。在后期制作中，应对短视频和声音进行精细调整，以确保二者紧密结合。

（2）协调性：在选取背景音乐或调整音效时，与短视频内容相协调。例如，轻松、愉快的音乐适合展现生活的美好瞬间，而紧张、刺激的音乐则适合表现突发事件。

（3）层次感：通过合理的音频处理，使短视频中的声音呈现出丰富的层次感。例如，在拍摄街头场景时，可以突出人群的嘈杂声、车辆的鸣笛声等不同层次的音效，以使画面更加生动、立体。

（4）情绪共鸣：通过声音传递情感，与观众产生共鸣。例如，在呈现感人至深的场景时，可以配以舒缓的音乐和温暖的旁白，以激发观众的情感共鸣。

以一个记录城市生活的短视频为例。在拍摄过程中，着重采集城市的车流声、人群的喧闹声等，同时配以快节奏的音乐和旁白，展现出城市的繁华与活力。在后期制作中，通过剪辑和调色等手段，使声音与画面紧密结合，呈现出城市生活的快节奏和丰富多彩的场景。

以一个记录大自然风光的短视频为例。在拍摄过程中，着重采集大自然的风声、鸟鸣声等。在后期制作中，添加柔和的背景音乐和轻柔的旁白，使观众仿佛身临其境，感受到大自然的宁静与美丽。通过对音频的处理和调整，实现音画合一的效果，使观众沉浸于大自然的美妙之中。

4. 剪映 App 的高级应用

剪辑是编辑短视频的基本操作，剪映 App 提供了简洁明了的剪辑工具栏，用户通过剪辑工具栏中的工具能够快速、准确地进行剪辑操作。通过定位主视频轨道上的时间指针，用户可以选择想要保留或删除的片段，实现精准剪辑。下面介绍剪映 App 的高级应用。

1）添加滤镜

滤镜是短视频编辑中常用的特效之一，剪映 App 内置了多种滤镜，如黑白、复古、鲜艳等，用户可以根据短视频的主题选择合适的滤镜，以提升短视频的观赏度和艺术效果。

（1）点击"剪映"图标，进入剪映 App 初始界面，点击"开始创作"按钮，如图 3-12 所示。打开手机相册，选择合适的素材，点击"添加"按钮，即可将素材添加进来。

（2）点击下方工具栏中的"滤镜"工具，如图 3-13 所示。

（3）剪映 App 提供了多种滤镜，如图 3-14 所示。用户可以选择适合自己短视频风格的滤镜。点击一种滤镜，即可预览该效果。用户选择好适合自己短视频风格的滤镜后，点击"对号"图标即可将该滤镜应用到短视频上。

图 3-12　点击"开始创作"按钮 1　　　图 3-13　点击"滤镜"工具　　　图 3-14　滤镜

2）调色

调色是让短视频更加生动有趣的重要环节。在剪映 App 上，调色非常简单，只需要点击下方工具栏中的"调节"工具（见图 3-15），选择需要调整的参数，如亮度、对比度、饱和度等，即可实现调色。如果需要快速调整整个短视频的色调，那么可以使用预设的调色选项，如日落、黑白等。

使用"调节"工具可以对已选择的片段进行调色。点击"重置"按钮，会重置及取消所有当前的调色效果。使用"调节"工具也可以生成对应的调节轨道，可以有多条调节轨道。选择调节轨道，可以设置片段的时长，也可以重新调节效果。不同调节轨道的调节效果可以叠加。

亮度用来调整画面的明暗程度。对比度用来调整画面明暗的对比强度。饱和度用来调整画面中颜色的鲜艳程度。锐化用来快速聚焦模糊边缘，提高画面中某一部位的清晰度或焦距，但是过度锐化效果反而不好。高光用来调整画面中高光部分的亮度，处理过度曝光。阴影用来调整画面中阴影部分的亮度，处理曝光不足。色温是一种温度衡量工具，某温度下发出的光所含的光谱成分，就被称为这一温度下的色温，当利用自然光（太阳光）拍照时，因为不同时间段光线的色温不一样，所以拍摄出的照片的色彩也不一样，可以根据当时拍摄的环境调整色温。色调是指整体画面的色彩成分偏重的色彩。褪色用来减少画面中的色彩成分。"调节"工具栏如图 3-16 所示。

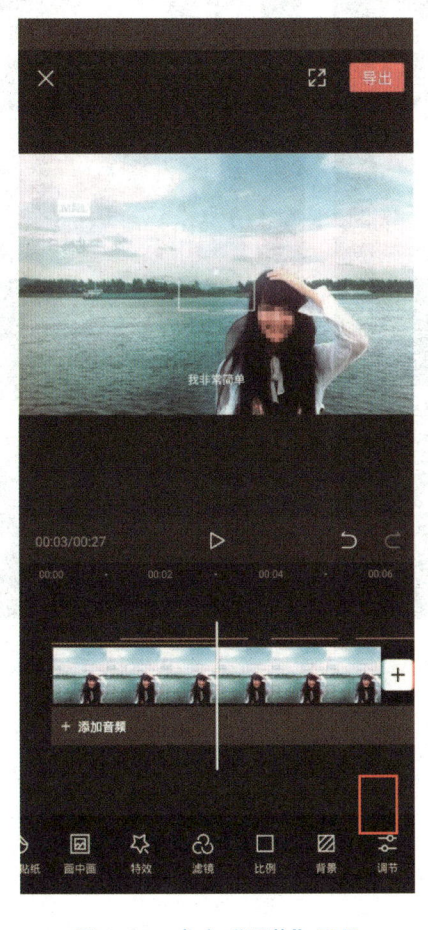

图 3-15 点击"调节"工具　　　　　　　　图 3-16 "调节"工具栏

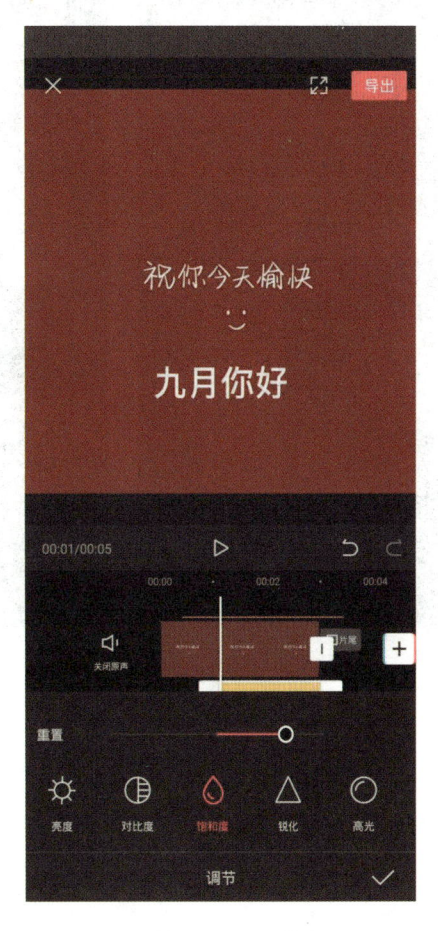

3）添加特效

添加特效是让短视频更加生动有趣的重要手段。在剪映 App 上，添加特效非常简单，只需要点击下方工具栏中的"特效"工具，选择需要添加的特效，如转场、滤镜、字幕等。如果需要快速添加整个短视频的特效，那么可以使用预设的特效，如电影、梦幻等。

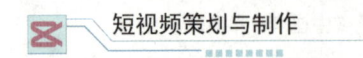

下面以设置转场特效为例进行简单介绍。

（1）点击"剪映"图标，进入剪映 App 初始界面，点击"开始创作"按钮，如图 3-17 所示。

（2）从手机相册中选择两段素材导入主视频轨道，导入素材之后，滑动主视频轨道，找到两段素材的连接处，点击连接处的白色方块，即可开始设置转场，如图 3-18 所示。

（3）在底部的转场特效列表中选择对应的特效，点击"对号"图标即可完成转场特效的设置，如图 3-19 所示。

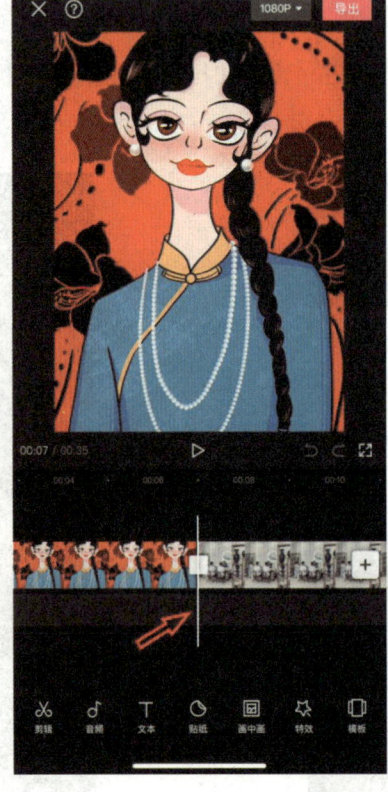

图 3-17　点击"开始创作"按钮 2　　　图 3-18　点击白色方块　　　图 3-19　设置转场特效

5. 剪映 App 的相关问题

1）轨道区域详解

（1）轨道区域：目前有主视频轨道、画中画轨道、音频轨道、文本轨道、贴纸轨道、特效轨道、滤镜轨道、调节轨道。除了主视频轨道，其他类型轨道都可以添加多个。同一类型轨道内的不同轨道之间的片段可以上下移动，不同类型轨道使用不同颜色表示。在返回主界面时，当前轨道会被折叠，因为手机屏幕比较小，所以为了方便编辑，各种轨道都会被折叠。要想打开某一轨道，点击轨道右侧的"折叠"按钮即可。轨道区域如图 3-20 所示。

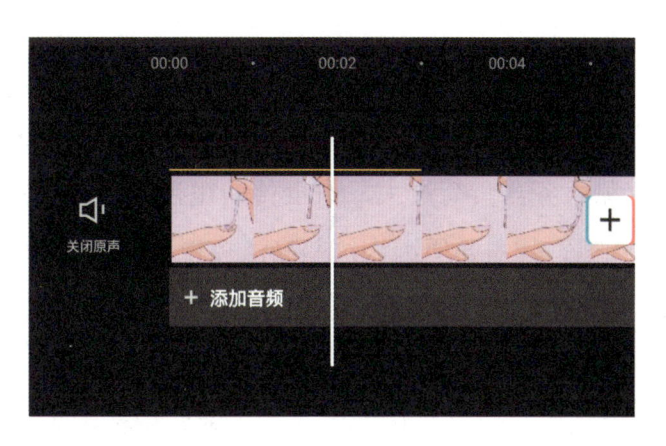

图 3-20　轨道区域

（2）时间轴：显示当前短视频画面所在位置。

通过左右滑动轨道可以改变时间轴的显示时间，时间轴显示的时间范围是 5 到 20 秒。

（3）时间指针：指示当前短视频所在的播放位置，当一段完整的短视频被"分割"工具分成多段时，把每个分割的短视频称为一个片段，片段可以独立编辑。

（4）关闭原声按钮：设置是否关闭主视频轨道的短视频自带的声音，默认不关闭。

（5）片段和片段之间用白色方块连接，如图 3-21 所示。点击白色方块可设置转场特效。转场特效如图 3-22 所示。

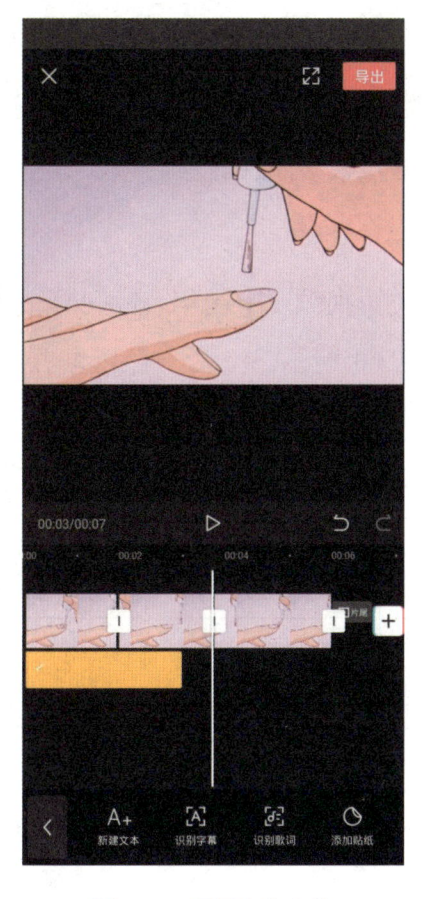

图 3-21　显示白色方块　　　　图 3-22　转场特效

2）视频变清晰的方法

通过剪映 App 或抖音 App 上传短视频之后，短视频会变模糊，这是因为剪映 App 后台和抖音 App 后台为了避免服务器负荷过大，对上传的短视频进行了压缩。为什么抖音 App 上会有那么多高清短视频呢？其主要原因为这些高清短视频是使用 DV、单反相机等导入的。

要使剪映 App 导出的短视频变得清晰，有以下 3 种方法。

（1）拍摄高清的短视频。

（2）使用"调节"工具栏中的"锐化"工具，设置锐化范围为 20%～70%。注意，根据实际调整，切忌锐化过头。

（3）在导出短视频时设置格式为高清的 1080P，并提高帧率。

3）处理短视频结尾黑屏的方法

短视频结尾黑屏是因为主视频轨道的时长比音频轨道的时长短，检查音频轨道的时长，查看其是否超过了主视频轨道的时长。如果超过了，那么在短视频结束的位置使用"分割"工具，把音频轨道的音频分割成两段，删除后面那一段，这样就不会有黑屏了。

3.3 项目实施

项目实施部分介绍了生活类短视频《中国年 齐河味》的创作过程，依次为撰写脚本、导入素材、编辑素材——添加画面特效、添加字幕及字幕特效、添加背景音乐、导出短视频。

1. 撰写脚本

依据前期的初步构想，根据策划思路，编写生活类短视频《中国年 齐河味》分镜头脚本。生活类短视频《中国年 齐河味》分镜头脚本如表 3-1 所示。

表 3-1 生活类短视频《中国年 齐河味》分镜头脚本

镜号	景别	拍摄方式	时长	音乐	内容/对白	素材
1	特写	俯拍	2秒	《春节序曲》	书写对联	对联、毛笔
2	特写	平拍	2秒	《春节序曲》	被风吹动的中国结	红色中国结
3	特写	平拍	2秒	《春节序曲》	贴窗花	窗花
4	中景	平拍	2秒	《春节序曲》	一家三口下车拿行李 字幕"味 是辞旧迎新"	无
5	近景	俯拍	1秒	《春节序曲》	家门口随风晃动的红灯笼	红灯笼
6	近景	俯拍	5秒	《春节序曲》	一家老小一同写对联，贴对联	对联、毛笔
7	远景	俯拍	2秒	《春节序曲》	新年街景	无
8	特写	俯拍	5秒	《春节序曲》	写"福"字，并展示 字幕"味 是迎祥纳福"	"福"字

续表

镜号	景别	拍摄方式	时长	音乐	内容/对白	素材
9	中景	俯拍	7秒	《春节序曲》	商场新年限定装置	无
10	远景	俯拍	3秒	《春节序曲》	无人机视角拍摄齐河新年	无
11	近景	平拍	5秒	《春节序曲》	齐河非遗"黄河号子"展示 字幕"味 是村村有好戏的乡愁"	无
12	近景	平拍	5秒	《春节序曲》	齐河非遗"面塑"展示	无
13	近景	平拍	2秒	《春节序曲》	齐河非遗"秸秆雕刻"展示	无
14	近景	平拍	2秒	《春节序曲》	齐河非遗"剪纸"展示	无
15	近景	平拍	5秒	《春节序曲》	齐河非遗"潘店空心挂面"展示 字幕"味 是有滋有味的日子"	无
16	特写	平拍	10秒	《春节序曲》	齐河特产展示	无

通过对本次旅程片段的整理，结合春节习俗，完成分镜头脚本的撰写。至此，生活类短视频《中国年 齐河味》的前期准备工作完成。

2. 导入素材

（1）点击"剪映"图标，如图 3-23 所示。

（2）进入剪映 App 初始界面，点击"开始创作"按钮，如图 3-24 所示。

（3）打开手机相册，如图 3-25 所示。依次选择所需素材，将所选素材导入。

图 3-23　点击"剪映"图标　　图 3-24　点击"开始创作"按钮　　图 3-25　打开手机相册

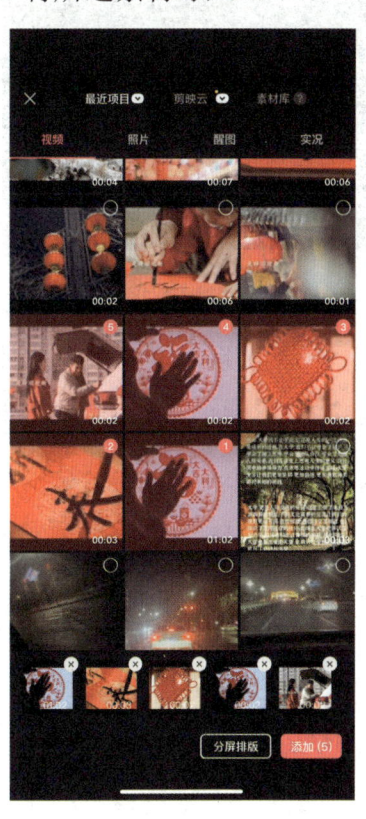

3. 编辑素材——添加画面特效

（1）将素材添加至剪映 App 上后，将时间指针定位到需要添加特效的位置。本项目中的时间指针需要被定位到短视频开头，如图 3-26 所示。

（2）点击下方工具栏中的"特效"工具，如图 3-27 所示。出现特效工具栏，点击"画面特效"工具，如图 3-28 所示。

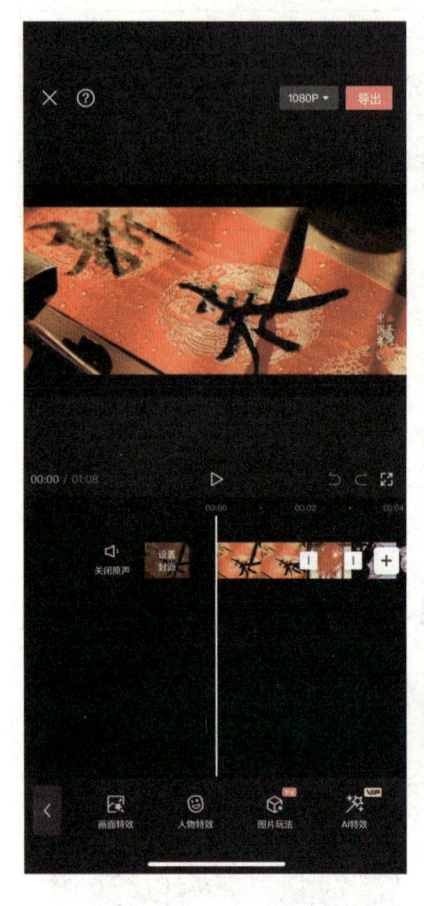

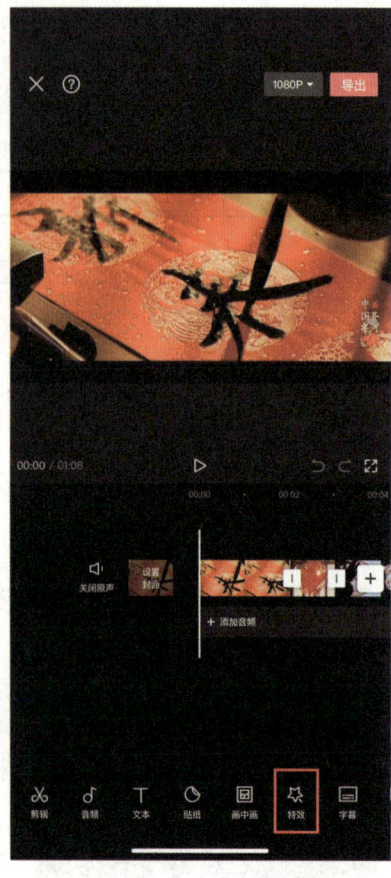

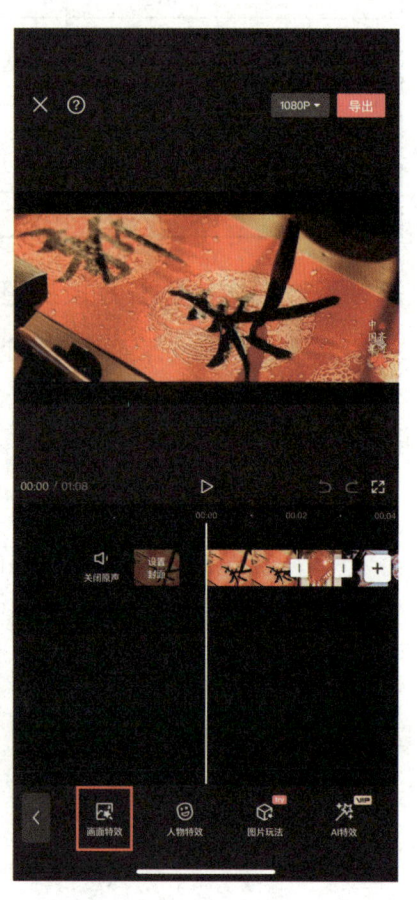

图 3-26　定位时间指针　　　　图 3-27　点击"特效"工具　　　　图 3-28　点击"画面特效"工具

（3）出现各类特效。选择"电影"中的"电影感"特效，如图 3-29 所示。点击"对号"图标确认添加。添加成功后出现特效轨道，如图 3-30 所示。分别按住白色边框左侧和右侧边缘线拖动，即可调整特效时长。

至此，生活类短视频《中国年 齐河味》的添加画面特效部分制作完成。

4. 添加字幕及字幕特效

（1）将时间指针定位到需要添加字幕的位置，点击下方工具栏中的"文本"工具，如图 3-31 所示。

（2）下方工具栏自动跳转为文本工具栏，点击"新建文本"工具，如图 3-32 所示。

图 3-29 选择"电影感"特效

图 3-30 出现特效轨道

图 3-31 点击"文本"工具

图 3-32 点击"新建文本"工具

（3）在出现的文本框中输入字幕，使用文本框下方的工具可更改字幕的颜色及样式。输入完成后，点击文本框后面的"对号"图标，即可添加字幕，如图3-33所示。

（4）选择单个文字后，即可调整单个文字的颜色及样式，如图3-34所示。

图3-33　添加字幕　　　　　　　　　　图3-34　调整单个文字的颜色及样式

（5）选择文字"味"，为文字"味"编辑样式，即放大字号、更改颜色，并将字体更改为"刘炳森"，如图3-35和图3-36所示。

（6）选择文字"是辞旧迎新"，将字体更改为"梅花楷"，如图3-37所示。通过拖动白色边框即可调整文字的位置。通过拖动白色边框右下方的图标，即可调整文字的大小。

（7）添加字幕后，主视频轨道下方出现文本轨道，选择文本轨道，文本轨道上会出现一个白色边框，拖动白色边框两侧边缘线即可调整字幕出现的时长，如图3-38所示。

项目 3 生活类短视频《中国年 齐河味》创作

图 3-35 放大字号、更改颜色

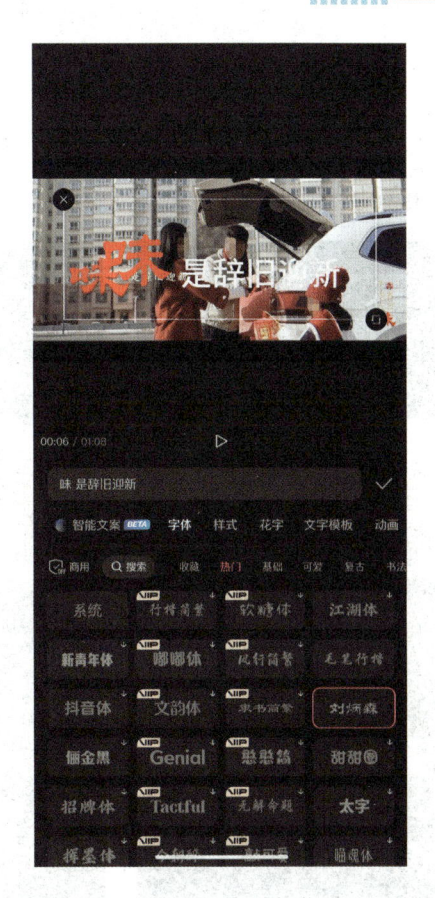

图 3-36 将字体更改为"刘炳森"

图 3-37 将字体更改为"梅花楷"

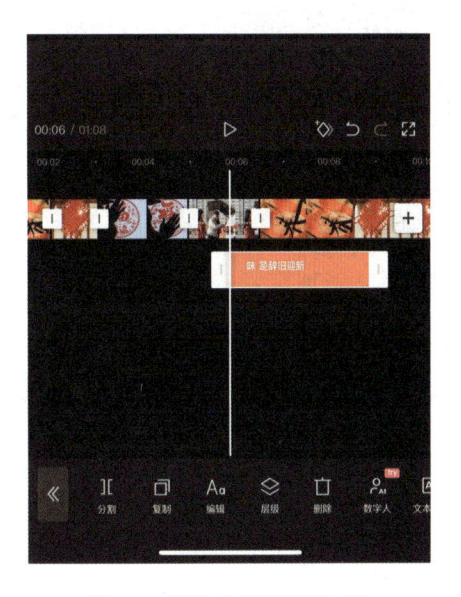

图 3-38 调整字幕出现的时长

057

(8) 滑动文本工具栏找到"动画"工具，如图 3-39 所示。

(9) 点击"动画"工具即可选择动画效果，如图 3-40 所示。点击文本框后面的"对号"图标即可添加动画。添加成功后，文本轨道左下方出现"→"图标，如图 3-41 所示。

图 3-39　找到"动画"工具　　　　图 3-40　选择动画效果　　　　图 3-41　出现"→"图标

至此，生活类短视频《中国年 齐河味》的添加字幕及字幕特效部分制作完成。

5. 添加背景音乐

（1）将时间指针定位到短视频开头，点击下方工具栏中的"音频"工具。

（2）下方工具栏自动跳转为音频工具栏，点击"音乐"工具，如图 3-42 所示。

（3）跳转至音乐选择界面，如图 3-43 所示。在文本框中输入"春节序曲"并点击"搜索"按钮。

（4）点击所需音乐后面的图标，下载音乐，如图 3-44 所示。点击"使用"按钮即可添加音乐。添加后出现音频轨道，即表示添加成功，如图 3-45 所示。

6. 导出短视频

（1）点击"1080P"下拉按钮，即可调整分辨率、帧率、码率等参数，如图 3-46 所示。

（2）参数调整完成后，点击"导出"按钮即可导出短视频至手机相册中。

项目3 生活类短视频《中国年 齐河味》创作

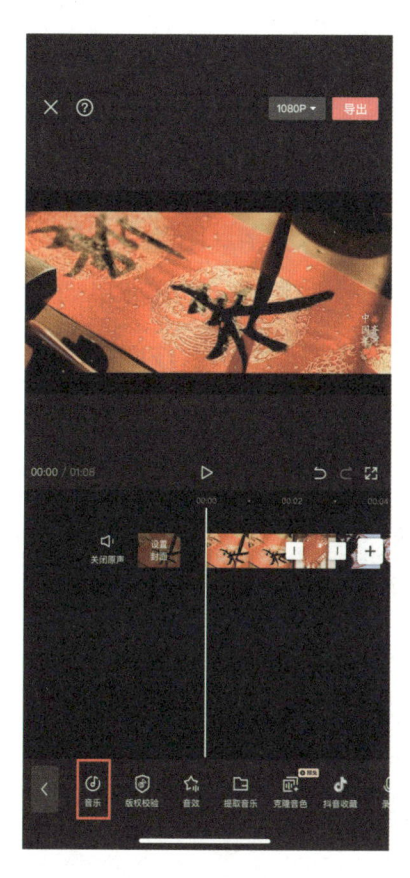

图 3-42 点击"音乐"工具

图 3-43 跳转至音乐选择界面

图 3-44 下载音乐

图 3-45 出现音频轨道

图 3-46 调整参数

3.4 项目总结

生活类短视频《中国年 齐河味》选用手机相册中有关的文字、图片、视频，使用剪映 App 进行了排版和剪辑，添加了标题、字幕、背景音乐，完成了短视频效果的合成输出。生活类短视频《中国年 齐河味》思维导图包含了知识、能力、素质、技能及思政五方面的内容，如图 3-47 所示。

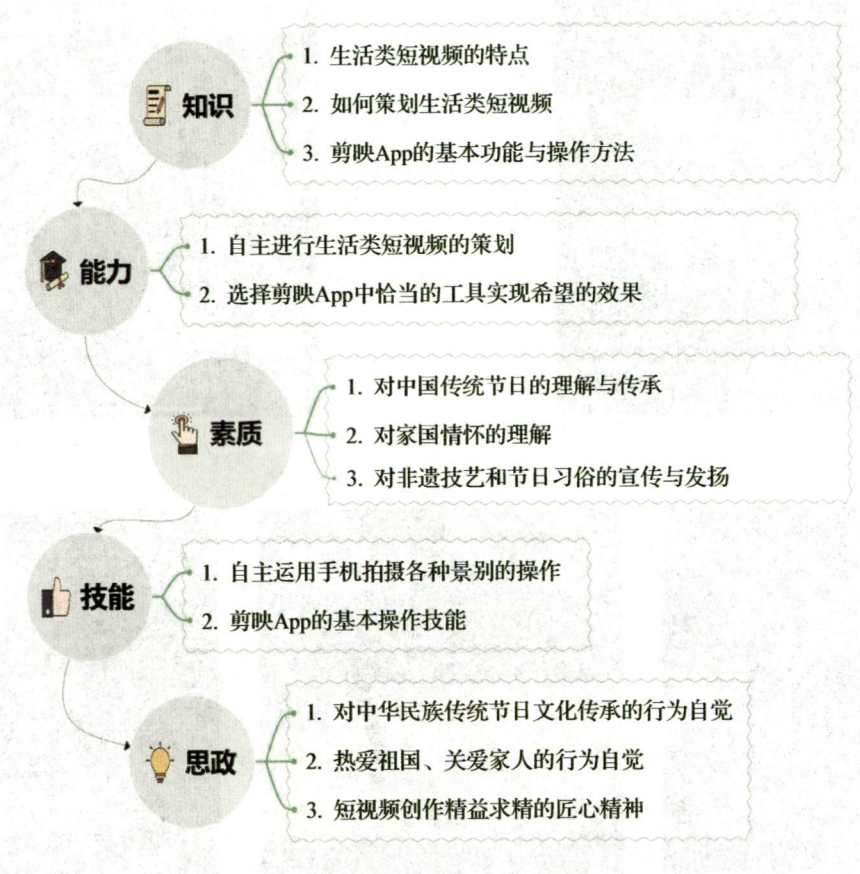

知识
1. 生活类短视频的特点
2. 如何策划生活类短视频
3. 剪映App的基本功能与操作方法

能力
1. 自主进行生活类短视频的策划
2. 选择剪映App中恰当的工具实现希望的效果

素质
1. 对中国传统节日的理解与传承
2. 对家国情怀的理解
3. 对非遗技艺和节日习俗的宣传与发扬

技能
1. 自主运用手机拍摄各种景别的操作
2. 剪映App的基本操作技能

思政
1. 对中华民族传统节日文化传承的行为自觉
2. 热爱祖国、关爱家人的行为自觉
3. 短视频创作精益求精的匠心精神

图 3-47　生活类短视频《中国年 齐河味》思维导图

3.5 项目拓展

实训 1

任务工单：制作生活类短视频《年味》。

任务策划：使用剪映 App，利用手机相册中的照片与视频，按照传统习俗及自身情况，制作生活类短视频《年味》，包含字幕、背景音乐或配音。

操作要点：（1）在手机上安装剪映 App；（2）使用剪映 App；（3）选择自己喜欢的照

片或视频;(4)添加字幕;(5)选择合适的背景音乐或配音;(6)导出作品。

实训 2

任务工单:制作生活类短视频《山河春醒 上元安康》。

任务策划:使用剪映 App,利用手机依照分镜头脚本拍摄与元宵节相关的短视频,按照传统习俗及自身情况整理拍摄素材,制作生活类短视频《山河春醒 上元安康》,包含字幕、背景音乐或配音。

操作要点:(1)在手机上安装剪映 App;(2)使用剪映 App;(3)选择自己喜欢的照片或视频;(4)添加字幕;(5)选择合适的背景音乐或配音;(6)导出作品。

项目 4

种草类短视频《竹迹》创作

4.1 项目创意

短视频的兴起带动了短视频营销的热潮。种草类短视频以短视频的形式，通过运用不同的风格，加以技巧性表达方式的辅助，灵活、高效地向观众介绍各类产品。种草类短视频不仅打破了传统广告干巴巴的宣传形式，还将产品的痛点、痒点、爽点，以及品牌特性与品牌文化直观地展现在观众眼前，让观众不再盲目地被"洗脑"，而能够了解产品特性并认同品牌文化。

种草类短视频通过鲜活的视觉刺激及详细的使用介绍，进行了一次有温度、有质感的输出，生动形象地向观众传递产品的功能特点，并详细地通过多个方面介绍产品的价值，以激发观众对产品的共鸣。

种草类短视频《竹迹》使用 Premiere Pro 2022 编辑制作和导出。

4.2 技术要点

1. 认识种草类短视频

1）种草是什么

本项目的任务是制作一个种草类短视频，那么什么是种草呢？种草就是当看到一款产品时，你会通过产品的介绍或宣传了解这款产品，虽然你没有第一时间下单，但这个产品对你的心理产生了影响，促使你产生了购买欲望，甚至创造了购买需求，当资金允许并有足够的购买欲望时，你会第一时间想到这款产品。

2）如何进行种草

（1）底层逻辑。

由前期的优质产品或抓人眼球的有效宣传促使人们产生购买欲望，甚至创造购买需求的过程就是种草的底层逻辑，即"种的不是草，而是欲望"。而对于人们的欲望，可以从消费动机与价值观共鸣两方面进行分析。

消费动机由社交动机和享受动机组成。社交动机即共鸣吸引同好，更好地维系和朋友的共同话题，不断地在相同圈子内消费有利于结交新的、志同道合的朋友。享受动机即通过消费不断探索和尝试，加强自我认知，提升生活中的美好体验感，从而给自身带来及时的满足感，提高自身的幸福感。

价值观共鸣则由文化认同、个性驱动、情感共鸣、情绪抒发组成。近些年来，国人爱国情绪日益高涨，多个老牌国货家喻户晓，这便是国人对家国情怀这一文化的强烈认同。个性驱动是指消费者愿意为个性化、定制品、原创内容和服务买单，当某一细分品牌专注于满足一类人的某一特定需求时，虽然减少了目标消费者的数量，但提高了消费者的黏度。情感共鸣也是价值观共鸣的一个重要组成部分，一般由品牌价值出发，通过品牌价值的宣传与消费者达成价值观上的契合，触达情感需求痛点，形成品牌价值壁垒，从而留住消费者。情绪抒发则是让消费者通过产品抒发自己难以排解的情绪，进而让消费者感受到产品和自身的共情，从而达到种草的目的。

在实际种草应用中，一般选取以上消费动机及价值观共鸣中的一两个关键点去激发消费者的购买欲望，从而达到种草的目的，这也就是前文所说的"种的不是草，而是欲望"这一底层逻辑。

（2）品牌分析。

掌握了种草的底层逻辑后，对种草的品牌也要有足够的了解，尤其是对差异化卖点的提炼，这是种草的核心。可以从品类归属分析、竞品分析、消费者分析三方面进行差异锚定，从而提炼出差异化卖点，进行有针对性的种草。

① 品类归属分析。

消费者在首次听说一个陌生的品牌时，一定会先询问有什么产品，答案就涉及品类。品类的正式定义是什么呢？就是在购买决策中涉及的最后一级产品分类，由该分类可关联到品牌，且通过该分类可以完成相应的购买选择，这通常由产品的基础功能决定。

因此，对于一个品牌来说，明确品类归属非常重要。但在制作短视频时，商家经常由于过于关注短视频的趣味性，而忽视了产品本身的品类归属的重要性，这也就使得观众不清楚商家到底在"卖什么"。品类归属分析决定了品牌的竞争对手是谁，在哪个领域竞争。而只有明确了竞争对手，才能有针对性地制定竞争策略。只有界定了所属品类，从品类方面的思考出发，结合企业最具竞争力的价值去看未来的趋势，才能把握品类最具核心价值和竞争性的品牌内核。

② 竞品分析。

竞品分析是指对竞争对手的产品进行比较分析，即从竞争对手或市场的相关产品中，圈定一些需要考查的角度，得出真实的情况，这是一种接近于消费者消费流程模拟的结论。例如，可以根据事实或个人情感，列出竞品或自己产品的优势与不足。俗话说："知己知彼，百战不殆。"对自身拥有了充分的了解之后，还要着手了解竞争对手。在通常情况下，应按照选择竞品、确定分析维度、收集信息、整理并形成报告 4 步完成竞品分析。

第 1 步，选择竞品。在这步中，一是要了解竞品的品类，包括直接竞品、间接竞品、替代品、参照品；二是要了解竞品在行业中的竞争力，可以通过五力分析模型进行分析。

第 2 步，确定分析维度。可以从战略、范围、结构、框架、表现 5 个层面，借助市场、产品、消费者等视角去做深层剖析。

第 3 步，收集信息。在收集信息时，要确保数据来源的准确性、可靠性、真实性、有效性。信息主要来自 5 类网站，即综合类网站、指数类网站、排名类网站、专业类网站、工具类网站。

第 4 步，整理并形成报告。推荐采用 SWOT 分析法进行归纳整理。

③ 消费者分析。

消费者分析是指种草者对自身面向的消费者进行全面、系统的了解。种草行为的成功离不开消费者的支持和认可。因此，尽可能多地了解消费者对种草者而言是至关重要的。只有种草者理解消费者的需求和期望，向消费者种草优质的产品和服务，才能达成种草行为。系统地进行消费者分析通常由两部分组成，即期望分析和行为分析。

• 期望分析。

消费者在不同时间、场景的需求和期望是有差别的，只有正确分析消费者在各个阶段中的需求，才能更好地找出痛点。例如，中年消费者更注重产品的实用性，而青年消费者在考虑产品实用性的同时，也会关注产品外形是否足够美观。种草者要尽可能详尽地分析消费者期望的产品特性，如便捷性、外观、价格等。只有综合考虑产品各方面的特性，才可以得出消费者大概的期望点。了解期望点是为了降低消费者决策的成本，越接近消费者的期望点，决策的成本越低，就越容易种草成功。

• 行为分析。

行为分析又分为消费习惯的分析与消费成本的分析。目标消费者的消费观念，以及使用习惯等构成了消费习惯。种草者要对目标消费者进行尽可能详细的分析，不同年龄段和不同职业的消费者的消费观念各有不同。通过对消费者消费习惯的分析，种草者能够得出消费者所需的产品特性。在分析消费成本时，不仅要分析直接成本，还要分析隐形成本。直接成本就是为产品或服务直接花费的经济成本；隐形成本则是选择这个产品或服务所花费的时间、精力，包括交通成本、运输成本等。

通过品类归属分析、竞品分析、消费者分析，基本完成了品牌分析，我们得到了充足的信息去有针对性地提出差异化的卖点，根据这些卖点可以进行有针对性的种草。

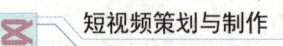

3）种草软件有哪些

不同的种草软件有不同的运营机制，针对不同的运营机制写出不同的种草脚本就成了种草者的必备技能。下面列出了5个不同的种草软件。

（1）抖音App。

抖音App上线于2016年9月。用户可以通过抖音App录制或上传视频、照片等作品，抖音App会把用户上传的作品分类，推送给浏览的用户。抖音App支持多终端观看，包括移动版、网页版、电视版、智能终端（音箱、车载）版等。

抖音App用户的性别、年龄、城市级别等分布较为平均，无较大偏向，用户数量庞大，人均使用时长长，活跃用户多。相关数据显示，抖音App的用户活跃渗透率排名前5的内容类型分别是时政资讯、音乐舞蹈、影视娱乐、生活方式、搞笑。抖音App上发布的内容呈现出泛娱乐化的特点。抖音App是有条件覆盖用户全场景、全链条的软件。

注意，抖音App覆盖人群广，可种草的产品品类较多，但对引流限制得很严格，过度营销的结果是：轻则限流，重则封号。

（2）小红书App。

小红书App是行吟信息科技（上海）有限公司于2013年6月推出的一款生活方式分享软件。小红书App上有美妆、个护、运动、旅游、家居、酒店、餐馆的信息分享，触及消费经验和生活方式的众多方面。

小红书App的用户多为年轻女性。小红书App的活跃用户与抖音App相比，虽然基数较小，但增长速度较快。相关数据显示，小红书App的用户活跃渗透率排名前5的内容类型分别是美食、美妆、时尚穿搭、种草、创意剧情。小红书App上发布的内容呈现出高分享性与高传播性的特点，且极为注重情绪价值与深度共鸣。

注意，小红书App的用户黏度高，年轻女性多，适合美妆、家居、宠物等品类的种草，对新人相对友好，但对引流限制得很严格。

（3）Bilibili App。

Bilibili App是中国年轻一代的标志性品牌及领先的视频社区，创立于2009年6月，前身为视频分享网站MikuFans，于2010年1月正式更名。Bilibili App可以让用户及内容创作者发现基于不同兴趣的多元内容并进行互动，覆盖生活、游戏、娱乐、动漫、科技和知识等众多领域，同时支持广泛的视频内容消费场景，以专业用户制作的视频（PUGV）为中心，辅以直播、专业机构制作的视频（OGV）等。

Bilibili App的用户明显偏年轻化，年轻用户占比较高。Bilibili App的用户对视频时长的接受度远高于其他平台。Bilibili App 发布的内容早期以二次元动漫为主，目前学习类视频较多。

注意，Bilibili App 适合二次元类和教育类种草，官方对引流限制得比较宽松，大学生用户较多。

(4) 微博 App。

微博 App 是北京微梦创科网络技术有限公司旗下的一款中国社交软件，于 2009 年 8 月推出。微博 App 以文字、图片、视频等多媒体形式，实现信息的即时分享、传播互动。微博 App 基于公开平台架构，通过裂变式传播，让用户与他人互动，并与世界紧密相连。微博 App 有发布、转发、关注、评论、搜索和私信等功能。

微博 App 的用户明显偏年轻化。微博 App 的活跃用户基数较大。在各种草平台中，微博 App 的活跃用户基数仅次于抖音 App。微博 App 的用户参与感较强，互动欲望偏高。相关数据显示，微博 App 的用户活跃渗透率排名前 5 的内容类型分别是大 V 明星、影视娱乐、时政资讯、搞笑、运动健身，热点化特征明显。

注意，微博 App 的内容偏向娱乐明星类，通过在热点博文下发送评论是不错的引流方式。

(5) 知乎 App。

知乎 App 是一个网络问答社区软件，隶属于北京智者天下科技有限公司，于 2011 年 1 月上线。知乎 App 聚集了中文互联网科技、商业、影视、时尚、文化领域十分具有创造力的人群，目前已成为综合性、全品类及在诸多领域具有关键影响力的知识分享社区软件和创作者聚集的原创内容平台，建立起了以社区驱动的内容变现的商业模式，以问答业务为基础，覆盖"问答"社区、全新会员服务体系、机构号、热榜等一系列产品和服务，并建立了包括图片、文字、音频、视频等在内的多元媒介形式。知乎 App 以"让人们更好地分享知识、经验和见解，找到自己的解答"为品牌使命。

与其他种草软件不同，知乎 App 的用户多数是商业创造者，多为各个领域内的专业人士，且以一、二线城市中的青年为主。"知乎 Live"和"知乎付费问答"是知乎 App 的商业创新，更是内容付费的开创性实践。知乎 App 的用户多数愿意为获取高质量的知识付费，这样特殊的内容生态造就了知乎 App "强教育、强关联、强心智"的特点。用户在知乎 App 上分享的不仅是购物心得，更是知识、经验、见解的深度思考，这也就形成了专业领域的种草。

注意，专业性的输出就是最好的种草。

4）种草方式有哪些

（1）产品种草。

种草并不是干巴巴地讲产品，而是要展现出种草者的真实使用感受。通过鲜活的视觉刺激、详细的使用介绍传递产品的价值，激发共鸣。常见的产品种草方式有开箱、测评（包括盲测）、红黑榜等。

由于观看这类种草视频的人群的目的性很强，因此需要注重品牌、功效等关键词的布局，以便这类种草视频更容易被检索到。同时，为了加强内容的真实性，可以在讲卖点、特色的同时抛出一个不影响产品本身的"缺陷"，让人觉得这是真实、客观地在评价产品，而不是"无脑"的"产品吹"。"缺陷"本身也可以成为"槽点"，引发讨论。

（2）短剧植入。

短剧的兴起带动了短剧营销的热潮。好的短剧植入要在不破坏剧情本身连贯性的情况下将产品融入剧情，借助短剧的流量获得品牌的曝光，吸引关注。

短剧植入的方式有很多，可以将品牌或产品的关键词作为某个角色的口头禅，进行重复传播，如"你看见我的某某隐形眼镜了吗？我只用某某隐形眼镜"等；也可以将产品植入某个场景，展现使用方法和效果，如熬夜通宵赶方案，第二天顶着黑眼圈见客户，之后，某某眼霜登场；还可以把品牌作为剧情背景的一部分，借此传递品牌理念和价值观，如主人公和某某公司的某某负责人达成了什么合作等。

（3）情节植入。

情节植入特别适合生活类种草者，通过一定的情景铺垫引出产品。

需要注意的是，产品和品牌的植入需要和前面铺垫的情景相关。例如，若要推广一款饺子，则前面铺垫的情景可以是包饺子翻车现场，因为自己包的饺子又丑又难吃，所以在这种情境下拿出某品牌饺子进行替代，就符合观看这个内容的预期，不会让人觉得植入生硬。

（4）才艺植入。

才艺植入是指达人通过展示自己的才艺，围绕品牌元素进行原创或二次创作，将品牌或产品信息植入作品，利用亮眼的表现将品牌概念形象化。才艺植入中的才艺包括音乐、舞蹈、专业技能、解说等。

从"疯四文学"中衍生出的"疯四之歌"就是一个很好的案例，这个案例把品牌营销信息植入歌词，耳熟能详的旋律、搞笑的画面和有趣的改编歌词组合起来，让人在大呼"有才"的同时赫然想起"今天星期四，要不去吃 KFC 吧"。同样，为品牌主题歌编舞、与品牌吉祥物轧舞等也是非常好的才艺植入形式。

2. 种草类短视频脚本的写法

1）种草类短视频的制作步骤

（1）前期准备。

编写短视频脚本之前，需要做好一些前期准备，确定短视频的整体内容。具体来说，主要应确定短视频要拍摄的内容、时间、地点及背景音乐。

确定要拍摄的内容、时间、地点及背景音乐后，要考虑到种草类短视频具有极强的商业性，创作这类短视频的目的是将产品推销出去。因此，当见到产品时，首先考虑的应该是"我们卖的是什么""我们的目标消费者是谁""他们怎样才会买单"，也就是对目标消费者进行品牌分析。首先，通过期望分析与行为分析锁定产品对应的消费者群体。其次，以品类归属为中心，明确产品的卖点。最后，结合竞品分析锁定产品的痛点、痒点及卖点。至此，前期准备完成。

（2）明确主题及关键词。

做好前期准备后，下一步要做的就是明确主题及关键词。明确主题是编写短视频脚本十分关键的一步。只有主题明确了，才能围绕主题确定脚本，并在此基础上将符合主题的重点内容有针对性地展示给核心目标消费者群体。关键词是痛点、痒点及卖点的体现，要有针对性地选择。

一是产品越普通，就越要少讲产品功能。大部分商家都把卖点讲错了，只会讲空话，却不懂得从消费者的买点去讲产品的卖点。例如，对于一个带收纳功能的儿童床，如果商家还在讲能收纳多少衣物，让房间变得多整洁，那么消费者肯定没感觉，因为这些本来就是床应该具备的功能，更应该强调的是"儿童良好的收纳习惯"，床只有带储物空间，才能从小培养儿童良好的收纳习惯。对于普通产品，只有多介绍购买后对消费者有什么好处，才能更好地打动消费者。

二是产品越普通，卖点的表达就要越新奇。例如，一双鞋子的卖点是穿着舒适，但不能这么说。因为舒适是形容词，太虚太抽象，且每个人的舒适感标准不一样。这时，更应该选择的关键词是"裸穿"，这是可以裸穿的鞋子，消费者不见得会不穿袜子，但亲肤裸穿的感觉足以让消费者感受到鞋子的舒适程度，以及在做工、用料上的讲究。

（3）选择恰当的视频表达方式与风格。

前面提到了种草的4种方式，不同的方式适合不同的种草者和不同的产品，各有利弊。大多数时候采用比较委婉的植入式种草。除了形式丰富多样，与一味强调"灌输"的传统广告相比，植入式种草具有潜移默化地传递信息、影响心智的优势，既可以让人在"事先不知情"的情况下实现种草的有效触达，又可以通过选择相应的媒介内容实现合理的定位，让种草更加精准。短剧植入、情节植入、才艺植入方式的选择主要取决于种草者自身擅长的方向。

（4）构建脚本框架。

下面介绍如何构建一个相对完整的脚本框架。例如，可以从"什么人在什么时间、什么地点做了什么事，以及在这次种草中起到了什么作用"的角度勾勒出短视频脚本的大体框架，并逐步完善细节，形成相对完整的脚本框架。

2）种草类短视频案例分析

案例中展示的是美妆类口红品类的种草类短视频，种草者是一个刚刚步入社会的年轻女孩，粉丝多为17~25岁的年轻女性，符合产品需求，短视频以多根口红的试用测评为主要内容。美妆类口红品类的种草类短视频分镜头脚本如表4-1所示。

表4-1 美妆类口红品类的种草类短视频分镜头脚本

镜号	景别	拍摄方式	时长	音乐	内容/对白	素材
1	近景	正面拍摄	15秒	无	开头主播手捧多根口红进行开场的总结性介绍 对白：请各位领导查收	所有口红
2	近景	正面拍摄	5秒	无	第一组口红入镜 对白：首先出场的两只，某某颜色和某某颜色	第一组口红（两支）
3	近景与特写切换	正面拍摄	10秒	无	第一组口红试涂展示	第一组口红（两支）
4	近景	正面拍摄	5秒	无	第二组口红入镜 对白：这是我最近喜欢的一只，某某，想入手的家人请听我讲两句	第二组口红（一支）
5	近景与特写切换	正面拍摄	15秒	无	第二组口红试涂，详细展示并强调优点 对白：热门色号、显气质、抬气色、质地偏干	第二组口红（一支）
6	近景与特写切换	正面拍摄	10秒	无	第三组口红试涂并展示，展开介绍颜色、质地并陈述优点 对白：带细闪、镜面质地、涂上显年轻	第三组口红（一支）
7	近景与特写切换	正面拍摄	20秒	无	第四组口红试涂并展示，强调优点 对白：我怎么这么多玫瑰色口红？可能这就是玫瑰女人吧	第四组口红（一支）
8	近景与特写切换	正面拍摄	20秒	无	第五组口红试涂，与高饱和色口红叠涂展示并强调优点 对白：拯救其他口红的死亡色号	第五组口红（一支）
9	近景	正面拍摄	10秒	无	对白：我常涂的口红就这些，应该能满足你们的口红需求了，等我进了新货再来和你们分享	无

接下来深入分析短视频的内容。

（1）**景别与拍摄方式** 相对单一，以特写镜头、近景镜头和正面拍摄为主，这也是种草类短视频的特点。

（2）**镜头 1** 最为重要，尤其是前 3 秒，是能否留住消费者的关键。脚本以"请各位领导查收"开场，搭配热门口红作为道具，选用与目标消费者年龄相仿者作为种草者，能够非常精准地留住目标消费者。

（3）**镜头 2、镜头 3** 由视频时长占比能够清晰地看出，第一组口红作为后面几组口红的陪衬，也是为了给消费者更真实的观感。

（4）**镜头 4、镜头 5** 这两个镜头中重点展示了第二组口红，表现了试用的真实性，同时也表明了口红质地偏干的缺点。与第一组口红不同的是，这组口红只有一支，且着重强调了口红的优点。

（5）**镜头 6** 中展示了第三组口红，虽然同样只有一支，且并没有说明口红的缺点，但是从仅有 10 秒的出场时间看，这支口红也是作为其他产品的陪衬。

（6）**镜头 7、镜头 8** 与第二组口红的性质相同，都是主推产品。每支口红均有 20 秒的展示时长，很好地印证了这一点。从顺序上看，能够看出种草者一直遵循着每介绍 2~3 组口红夹杂一个陪衬品的规律，这也是为了体现种草真实性的常用方法。第四组口红与第五组口红虽然没有通过主动揭露产品缺点的方式增加试用的真实性，但是种草者很精准地点出了两支口红最大的卖点为"玫瑰色"和"拯救其他口红的死亡色号"。这两大卖点几乎能够打动大部分年轻女性。

（7）**镜头 9** 再次强调以上产品皆为种草者的自用产品，突出种草的真实性、可靠性，从而达到种草的目的。

3. Premiere Pro 2022 的基本操作

Premiere Pro 2022 是视频编辑爱好者和专业人士十分欢迎的视频编辑工具。使用 Premiere Pro 2022 可以提升创作能力和创作自由度。Premiere Pro 2022 是一款易学、高效的视频剪辑软件，提供了采集、剪辑、调色、美化音频、添加字幕、输出、刻录 DVD 等一整套功能，并能和其他 Adobe 软件高效集成，能帮助使用者面对在整个工作流程中遇到的挑战，创作出高质量的作品。

1）导入素材

（1）命令导入。

选择"文件"→"导入"命令，或按快捷键 Ctrl+I，也可以右击"项目"面板中的空白位置，在弹出的快捷菜单中选择"导入"命令，弹出"导入"对话框，如图 4-1 所示。选择所需素材，单击"导入"按钮，即可将选择的素材导入"项目"面板，如图 4-2 所示。

（2）面板导入。

打开"媒体浏览器"面板，找到素材所在的文件夹，选择一个或多个素材并右击，在弹出的快捷菜单中选择"导入"命令，如图 4-3 所示。

图 4-1 "导入"对话框

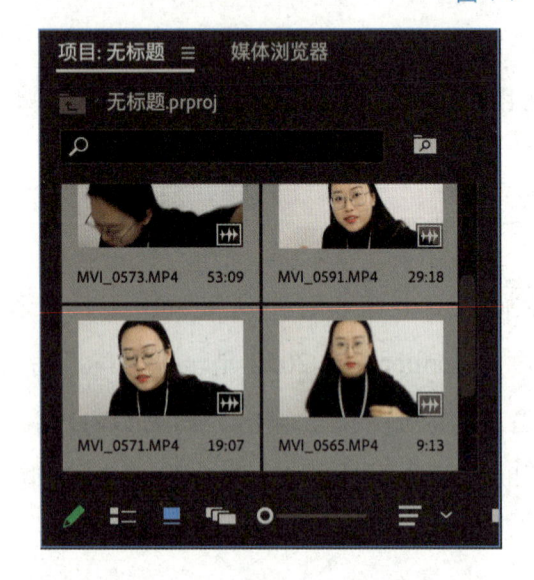

图 4-2 将素材导入"项目"面板

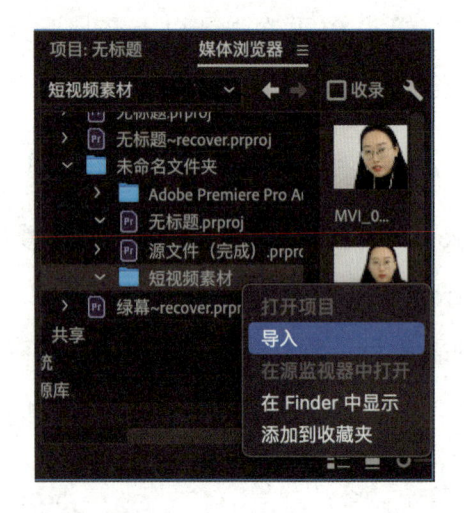

图 4-3 "媒体浏览器"面板

（3）素材拖入。

打开素材所在的文件夹，选择要导入的一个或多个素材，按住鼠标左键，将其拖动到 Premiere Pro 2022 的"项目"面板中，松开鼠标左键，如图 4-4 所示。

图4-4 将素材拖动到"项目"面板中

2)常用的编辑工具

Premiere Pro 2022的"工具"面板中有"选择"工具、"向前选择轨道"工具、"向后选择轨道"工具、"波纹"工具、"滚动"工具、"剃刀"工具等16种工具。

下面详细介绍"工具"面板中常用的几种工具。

(1)"选择"工具。

使用"选择"工具的快捷键为V。在Premiere Pro 2022中使用"选择"工具可对图片、文字等对象进行选择,还可在选择对象后对其进行拖动。

例如,单击"选择"工具,在"项目"面板中将鼠标指针移动到素材上方,按住鼠标左键,将"项目"面板中的素材拖动到"时间轴"面板中。使用"选择"工具,效果如图4-5所示。

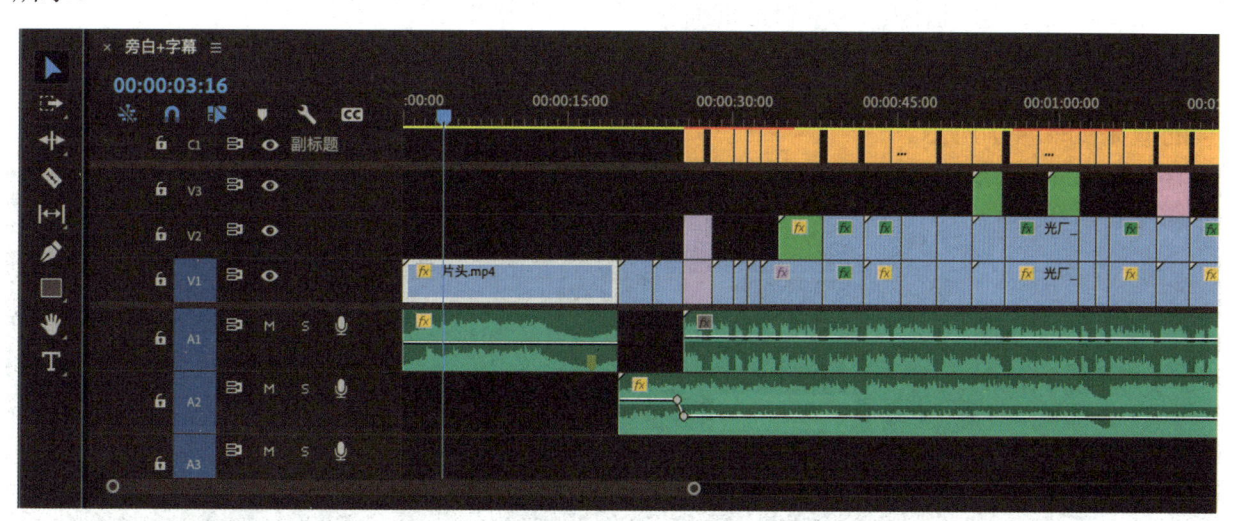

图4-5 使用"选择"工具的效果

(2)"向前选择轨道"工具和"向后选择轨道"工具。

使用"向前选择轨道"工具和"向后选择轨道"工具的快捷键均为A。这两个工具分别用于选择目标文件前面、后面(相同轨道上)的所有素材。当"时间轴"面板中的素材过多时，使用这两种工具选择素材会更加方便。

以"向前选择轨道"工具的操作为例，若要选择素材 A 后面的所有文件，则可先单击"向前选择轨道"工具，再单击"时间轴"面板中的素材 A 后面的所有文件，此时素材 A 后面的所有文件会被选中，如图 4-6 所示。

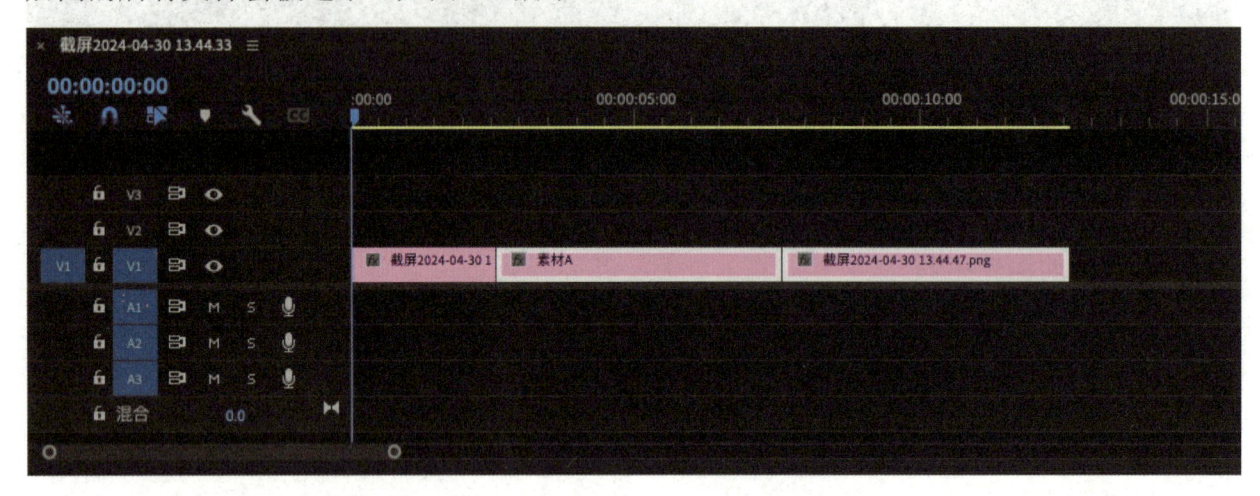

图 4-6 选择素材 A 后面的所有文件

（3）"波纹"工具。

使用"波纹"工具的快捷键为 B。"波纹"工具可用来调整所选素材的持续时间，在调整素材时，素材前面或后面可能会产生空隙，此时相邻的素材会自动向前移动进行空隙的填补。

在"时间轴"面板中，当素材前面有空隙时，单击"波纹"工具，将鼠标指针移动到素材前面，按住鼠标左键向左拖动，即可将素材及其后面的文件向前移动。使用"波纹"工具的效果如图 4-7 所示。

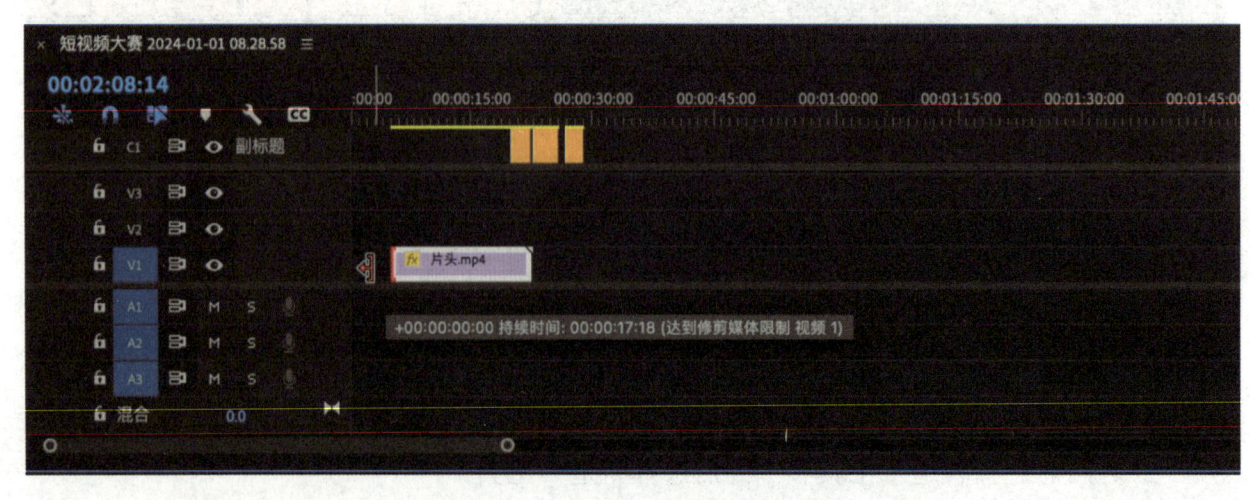

图 4-7 使用"波纹"工具的效果

（4）"滚动"工具。

使用"滚动"工具的快捷键为N。"滚动"工具用于在素材总长度不变的情况下，控制各片段的长度，并适当调整剪切点。

若想将某个片段的长度增加，可单击"滚动"工具，将鼠标指针移动到素材末尾，按住鼠标左键向右拖动。在不改变素材总长度的情况下，此时该片段的长度会增加，而相邻片段的长度则会减少。使用"滚动"工具的效果如图4-8所示。

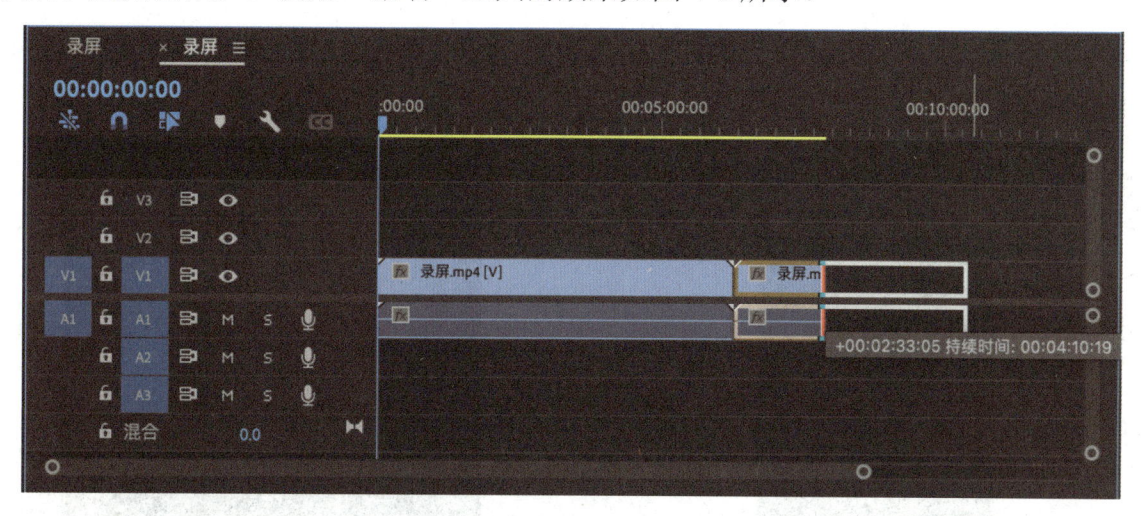

图4-8 使用"滚动"工具的效果

（5）"剃刀"工具。

使用"剃刀"工具的快捷键为C。"剃刀"工具用于将一个完整的短视频裁剪为多个片段，按住Shift键的同时使用"剃刀"工具可以同时剪辑多个短视频。

单击"剃刀"工具，将鼠标指针移动到素材上方（需要进行裁剪的位置），通过单击可进行裁剪。完成裁剪后，每个片段都可以作为一个独立的素材。使用"剃刀"工具的效果如图4-9所示。

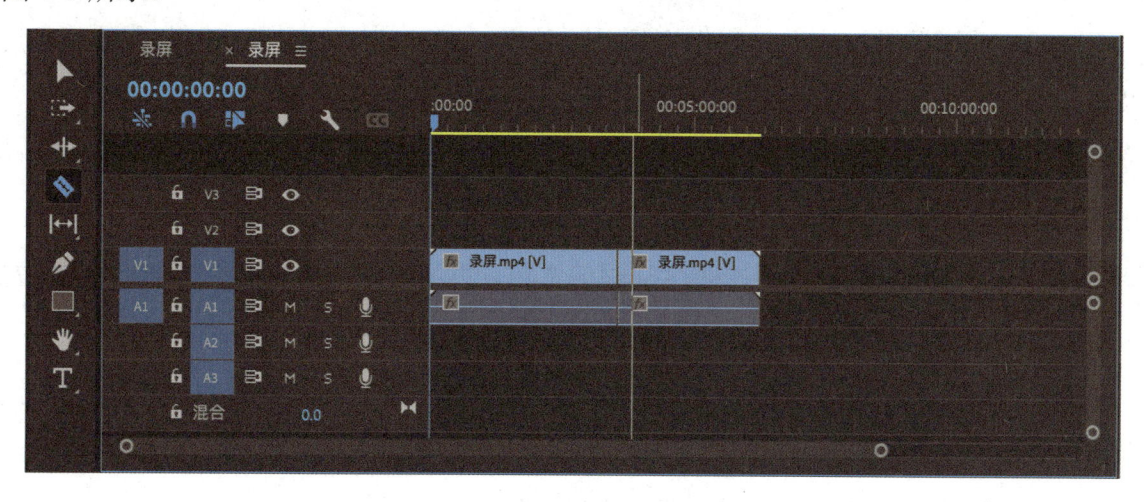

图4-9 使用"剃刀"工具的效果

3）添加字幕

下面介绍在 Premiere Pro 2022 中添加字幕的几种方法。

在 Premiere Pro 2017 及之后的版本中，菜单栏中的"字幕"菜单变为了"图形"菜单，工具栏中新增了"文字"工具，如图 4-10 所示。在工具栏中单击"文字"工具，在"节目"面板中单击并输入文字，即可添加字幕。

在默认状态下，添加的字幕的颜色为白色。若要对字幕的颜色等进行更改，则应选择轨道上的字幕，在"效果控件"面板中，展开"文本"栏，在其中对相关参数进行调整。"效果控件"面板如图 4-11 所示。

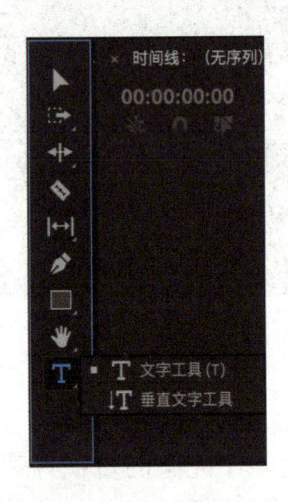

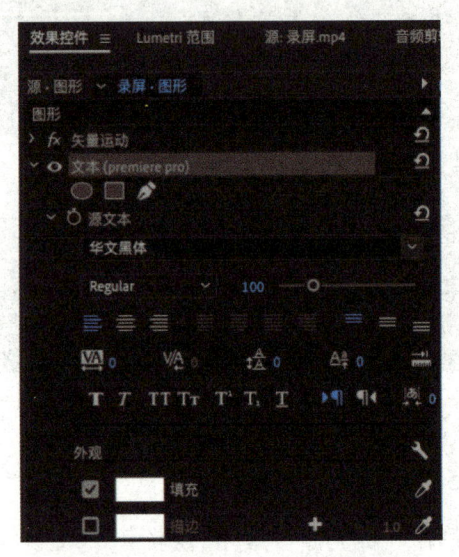

图 4-10 "文字"工具　　　　　图 4-11 "效果控件"面板

此外，还可以选择"窗口"→"基本图形"命令，如图 4-12 所示。打开的"基本图形"面板如图 4-13 所示。在"编辑"选项卡中对相关参数进行调整。

4）设置不透明度

不透明度的设置常被应用于制作视频过渡效果，即控制视频图像在屏幕上的可见度，可以通过设置百分比来控制不透明度。在"效果控件"面板中，展开"不透明度"栏，通过设置相应参数可以修改不透明度。不透明度为 100%，表示当前层完全不透明；不透明度为 0%，表示当前层完全透明，此时可以显示下层的图像。在"时间轴"面板中设置不透明度动画时，应先选择需要设置不透明度动画的素材，再将时间指针定位到需要设置的位置，在所选素材的轨道区域单击"添加关键帧"按钮，即可添加关键帧。

在"不透明度"栏中有 3 个创建蒙版的工具，即"创建椭圆形蒙版"工具●、"创建 4 点多边形蒙版"工具■和"自由绘制贝塞尔曲线"工具✒。创建蒙版后，在"效果控件"面板中的"不透明度"栏下面会出现"混合模式"选项。

"混合模式"选项用于设置素材的混合模式，默认为"正常"模式，单击下拉按钮，可弹出"混合模式"下拉列表，如图4-14所示。

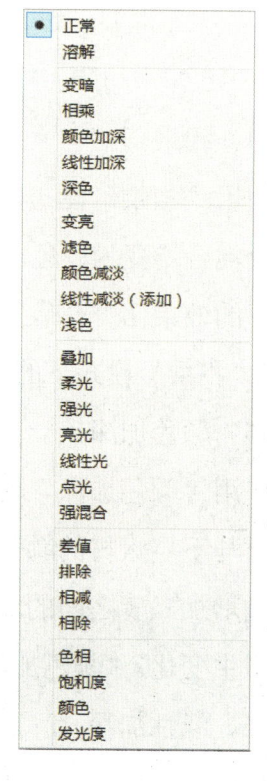

图4-12 选择"基本图形"命令　　图4-13 "基本图形"面板　　图4-14 "混合模式"下拉列表

（1）正常。

在"正常"模式下，软件将调整主视频轨道中素材的透明度，可以使当前层素材与下层素材产生混合效果。在"正常"模式下可以控制像素，使所选素材成为结果色。"正常"模式是默认模式。上层素材的透明度为70%，"正常"模式下的效果如图4-15所示。

（2）溶解。

在"溶解"模式下，可以通过调整不透明度，创建点状喷雾式的图像效果，不透明度越小，像素点越分散。使用"溶解"模式可以控制层与层之间半透明或渐变透明区域的像素，使其融合显示，结果色为基色或混合色的概率取决于当前层的不透明度。上层素材的透明度为70%，"溶解"模式下的效果如图4-16所示。

（3）变暗。

使用"变暗"模式可以显示并处理比当前层素材更暗的区域，可以将当前层素材相对明亮的区域替换掉。此模式适合制作颜色高度反差的效果，其效果如图4-17所示。

图 4-15 "正常"模式下的效果　　图 4-16 "溶解"模式下的效果　　图 4-17 "变暗"模式下的效果

（4）相乘。

使用"相乘"模式可以将基色和混合色混合。因为任何颜色与白色混合均保持不变，与黑色混合均变为黑色，所以结果色总是较暗的颜色。因为存在混合的步骤，所以"相乘"模式下的效果比"变暗"模式下的效果显得更加自然、柔和。"相乘"模式是很常用的叠加模式。"相乘"模式下的效果如图4-18所示。

（5）颜色加深。

使用"颜色加深"模式可以保留素材中的白色区域，并加强深色区域的颜色，将当前层素材与下层素材的颜色相乘或覆盖。在此模式下，软件将查看每个通道中颜色的信息，并通过增加二者之间的对比度使基色变暗以反映混合色。在此模式下，将素材与白色混合后不产生变化。"颜色加深"模式下的效果如图4-19所示。

（6）线性加深。

"线性加深"模式下的效果与"相乘"模式下的效果类似，但"线性加深"模式下的效果对比会更加强烈。在"线性加深"模式下，可以加深每个通道中的颜色，并通过降低亮度使基色变暗以反映混合色。在此模式下，将素材与白色混合后不产生变化。"线性加深"模式下的效果如图4-20所示。

图 4-18 "相乘"模式下的效果　　图 4-19 "颜色加深"模式下的效果　　图 4-20 "线性加深"模式下的效果

（7）深色。

使用"深色"模式可以使上层素材与下层素材的深色区域产生混合效果。在"深色"模式下，软件会自动比较混合色和基色所有通道值的总和，并显示值较小的颜色。使用"深色"模式不会生成第 3 种颜色（可以通过"变暗"模式获得），这是因为它将通过从基色和混合色中选取最小的通道值来创建结果色。"深色"模式下的效果如图 4-21 所示。

（8）变亮。

在"变亮"模式下，软件将比较并显示当前层素材比下层素材亮的区域，即查看每个通道中颜色的信息，并选择基色或混合色中较亮的颜色作为结果色。"变亮"模式下的效果与"变暗"模式下的效果相反，如图 4-22 所示。

（9）滤色。

使用"滤色"模式可以将混合色的互补色与基色进行正片叠底，结果色总是较亮的颜色。在此模式下，使用黑色过滤时素材的颜色保持不变，使用白色过滤时素材将变为白色。"滤色"模式下的效果类似于将多张摄影幻灯片同时投影到屏幕上的效果，如图 4-23 所示。

图 4-21 "深色"模式下的效果　　图 4-22 "变亮"模式下的效果　　图 4-23 "滤色"模式下的效果

（10）颜色减淡。

使用"颜色减淡"模式可以提亮下层素材，同时使颜色变得更加饱和，由于对深色区域的改变有限，因此可以保持较好的对比度。在此模式下，将素材与黑色混合不发生变化。"颜色减淡"模式下的效果如图 4-24 所示。

（11）线性减淡（添加）。

"线性减淡（添加）"模式下的效果与"滤色"模式下的效果相似，但"线性减淡（添加）"模式下的效果对比更加强烈，因其能通过提高亮度使基色变亮以反映混合色。"线性减淡（添加）"模式下的效果如图 4-25 所示。

（12）浅色。

使用"浅色"模式可以使上层素材的浅色区域与下层素材产生混合效果。在"浅色"模式下，软件会自动比较混合色和基色的所有通道值的总和，并显示值较大的颜色，不会生成第 3 种颜色（可通过"变亮"模式获得），这是因为它将通过从基色和混合色中选取最大的通道值来创建结果色。"浅色"模式下的效果如图 4-26 所示。

图 4-24 "颜色减淡"模式下的效果　　图 4-25 "线性减淡（添加）"模式下的效果　　图 4-26 "浅色"模式下的效果

（13）叠加。

使用"叠加"模式可以根据下层素材的颜色，对当前层素材的像素进行相乘或覆盖，保持下层素材的高光和暗调不变，使图案或颜色在现有像素上叠加，同时保留基色的明暗对比，不替换基色，基色与混合色混合以反映原色的亮度或暗度。"叠加"模式下的效果如图 4-27 所示。

（14）柔光。

使用"柔光"模式可以提高图像的亮度并增加图像的对比度。"柔光"模式下的效果比"叠加"模式与"强光"模式下的效果更加精细。若混合色（光源）比 50%灰色亮，则图像变亮，就像被减淡了一样；若混合色（光源）比 50%灰色暗，则图像变暗，就像被加深了一样。使用黑色或白色进行上色处理，可以产生明显变暗或变亮的区域，但不能生成黑色或白色的区域。"柔光"模式下的效果如图 4-28 所示。

（15）强光。

使用"强光"模式可以增加图像的对比度。"强光"模式下的效果与耀眼的聚光灯照在图像上的效果相似。若混合色（光源）比 50%灰色亮，则图像变亮，就像过滤后的效果一样，这对向图像添加高光来说是非常有用的；若混合色（光源）比 50%灰色暗，则图像变暗，这对向图像添加阴影来说是非常有用的。"强光"模式下的效果如图 4-29 所示。

图 4-27 "叠加"模式下的效果　　图 4-28 "柔光"模式下的效果　　图 4-29 "强光"模式下的效果

（16）亮光。

使用"亮光"模式可以增加图像的对比度，使画面产生一种明快感。"亮光"模式下的效果相当于"颜色减淡"模式与"颜色加深"模式下的效果的组合。若混合色（光源）比50%灰色亮，则通过减少对比度使图像变亮；若混合色（光源）比50%灰色暗，则通过增加对比度使图像变暗。"亮光"模式下的效果如图4-30所示。

（17）线性光。

使用"线性光"模式可以使图像产生更大的对比度，使更多的区域变为黑色和白色。"线性光"模式下的效果相当于"线性减淡（添加）"模式与"线性加深"模式下的效果的组合。若混合色（光源）比50%灰色亮，则通过提高亮度使图像变亮；若混合色（光源）比50%灰色暗，则通过降低亮度使图像变暗。"线性光"模式下的效果如图4-31所示。

（18）点光。

使用"点光"模式可以根据混合色替换颜色。"点光"模式主要用于制作特效。若混合色（光源）比50%灰色亮，则替换比混合色暗的像素，而不改变比混合色亮的像素；若混合色（光源）比50%灰色暗，则替换比混合色亮的像素，而不改变比混合色暗的像素。"点光"模式下的效果如图4-32所示。

图4-30 "亮光"模式下的效果　　图4-31 "线性光"模式下的效果　　图4-32 "点光"模式下的效果

（19）强混合。

使用"强混合"模式可以混合或过滤颜色，具体取决于混合色。"强混合"模式下的效果如图4-33所示。

（20）差值。

使用"差值"模式可以使当前层素材的白色区域产生反向效果，而黑色区域更接近下层素材的颜色。"差值"模式下的效果如图4-34所示。

（21）排除。

使用"排除"模式可以得到比使用"差值"模式更为柔和的效果。若素材与白色混合，则反转基色；若素材与黑色混合，则基色不发生变化。"排除"模式下的效果如图4-35所示。

图 4-33 "强混合"模式下的效果 　　图 4-34 "差值"模式下的效果 　　图 4-35 "排除"模式下的效果

（22）相减。

使用"相减"模式可以查看各通道中颜色的信息，并从基色中减去混合色。如果颜色值出现负数，那么取值为 0。若素材与基色混合，则得到黑色；若白色与基色混合，则得到黑色；若黑色与基色混合，则得到基色。"相减"模式下的效果如图 4-36 所示。

（23）相除。

"相除"模式下的效果与"差值"模式下的效果类似，但是"相除"模式下会产生对比度更小的效果。"相除"模式下的效果如图 4-37 所示。

（24）色相。

使用"色相"模式可以修改彩色素材的颜色，可以将当前层素材的基色应用到下层素材上，并保持下层素材的亮度和饱和度不变。"色相"模式下的效果如图 4-38 所示。

图 4-36 "相减"模式下的效果 　　图 4-37 "相除"模式下的效果 　　图 4-38 "色相"模式下的效果

（25）饱和度。

使用"饱和度"模式可以使素材的某些区域变为黑色与白色，将当前层素材的饱和度应用到下层素材上，并保持下层素材的亮度和色相不变。"饱和度"模式下的效果如图 4-39 所示。

（26）颜色。

使用"颜色"模式可以将当前层素材的色相和饱和度应用到下层素材上，并保持下层素材的亮度不变，保留灰阶，这对给单色素材着色或给彩色素材着色来说都非常有用。"颜色"模式下的效果如图 4-40 所示。

(27) 发光度。

使用"发光度"模式可以将当前层素材的亮度应用到下层素材上,并保持下层素材的色相与饱和度不变,从而创建与"颜色"模式相反的灰度效果。"发光度"模式下的效果如图 4-41 所示。

图 4-39 "饱和度"模式下的效果　　图 4-40 "颜色"模式下的效果　　图 4-41 "发光度"模式下的效果

5)保存项目

对项目进行保存,可以方便用户随时打开项目进行二次编辑。在 Premiere Pro 2022 中,保存项目的方法主要有以下几种。

(1)选择"文件"→"保存"命令(见图 4-42)或按快捷键 Ctrl+S,即可快速保存项目。

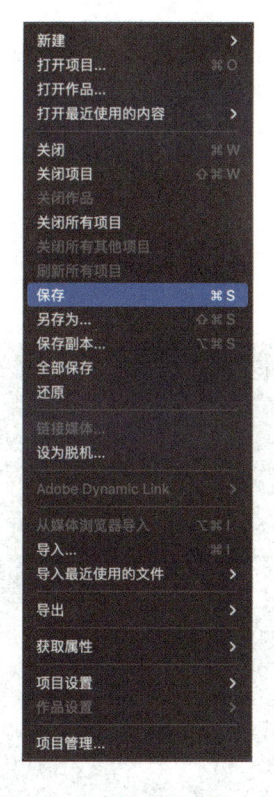

图 4-42 选择"保存"命令

(2)选择"文件"→"另存为"命令(见图 4-43)或按快捷键 Ctrl+ Shift+ S。弹出如

图 4-44 所示的存储界面，在其中可设置项目名称及存储位置，单击"存储"按钮，即可保存项目。

图 4-43　选择"另存为"命令　　　　　　　　图 4-44　存储界面

（3）选择"文件"→"保存副本"命令（见图 4-45）或按快捷键 Ctrl+Alt+S。弹出如图 4-46 所示的存储副本界面，在其中可设置项目名称及存储位置，单击"存储"按钮，即可将当前项目保存为副本。

图 4-45　选择"保存副本"命令　　　　　　　图 4-46　存储副本界面

6）输出项目

项目编辑完成后，若要使其便于分享和随时观看，则需要将 Premiere Pro 2022 中的文件输出。通过 Premiere Pro 2022 自带的输出功能，可以将项目输出为各种格式，以便分享到网上。

Premiere Pro 2022 提供了多种输出格式，用户可以将文件输出为不同格式，以满足不同的需要，或与其他编辑软件进行数据交换。

选择"文件"→"导出"命令，弹出"导出"对话框，如图4-47所示。在"导出"对话框中，用户可以根据需要进行相应参数的设置。

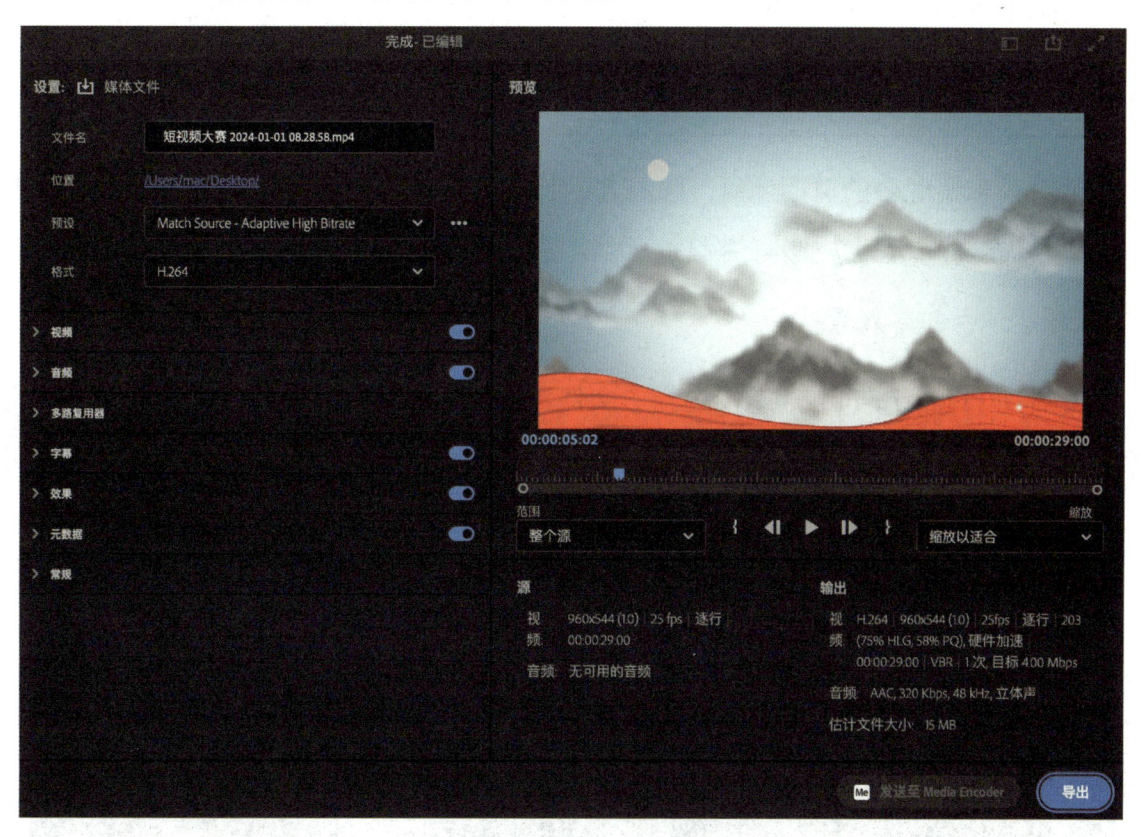

图4-47 "导出"对话框

4.3 项目实施

项目实施部分将介绍种草类短视频《竹迹》的创作过程，依次为撰写脚本、新建项目并导入素材、编辑素材——剪去穿帮镜头、添加字幕、导出短视频、保存文件。

1. 撰写脚本

通过对种草产品的前期调研，结合自身风格编写出合适的项目脚本是项目实施的第一步。种草类短视频《竹迹》分镜头脚本如表 4-2 所示。

表 4-2 种草类短视频《竹迹》分镜头脚本

镜号	景别	拍摄方式	时长	音乐	内容/对白	素材
1	近景	正面拍摄	10 秒	无	片头，以"500 块送长辈的礼物"开场，强调优点，"谁送谁显得高端""99%的人见到都会震撼到永生难忘"	无
2	近景	正面拍摄	5 秒	无	陈述个人 IP "Y 的礼物清单"	无
3	近景	正面拍摄	20 秒	无	展示景泰蓝砚台细节，点出"物美价廉就是这个世界上最大的骗局"	景泰蓝砚台
4	近景	正面拍摄	10 秒	无	整体展示景泰蓝砚台，描述目标消费者画像	景泰蓝砚台
5	近景	正面拍摄	30 秒	无	整体展示景泰蓝砚台，对比同价位手表，描述使用场景，强调优点"有内涵，存在文化底蕴"及"皇家工艺"	景泰蓝砚台
6	近景	正面拍摄	20 秒	无	描述不同角度使用场景，再次强调"500 块钱，这就是我们送长辈最好的选择"	无

通过对景泰蓝砚台的前期调研，瞄准产品的痛点、痒点与卖点，确定关键词，选择恰当的表达方式，完成分镜头脚本的撰写。至此，种草类短视频《竹迹》的前期准备工作完成。

2. 新建项目并导入素材

（1）启动 Premiere Pro 2022，选择"文件"→"新建"→"项目"命令，或按快捷键 Ctrl+Alt+N，弹出"新建项目"对话框，如图 4-48 所示。在其中自定义项目名称及存储位置，单击"创建"按钮。

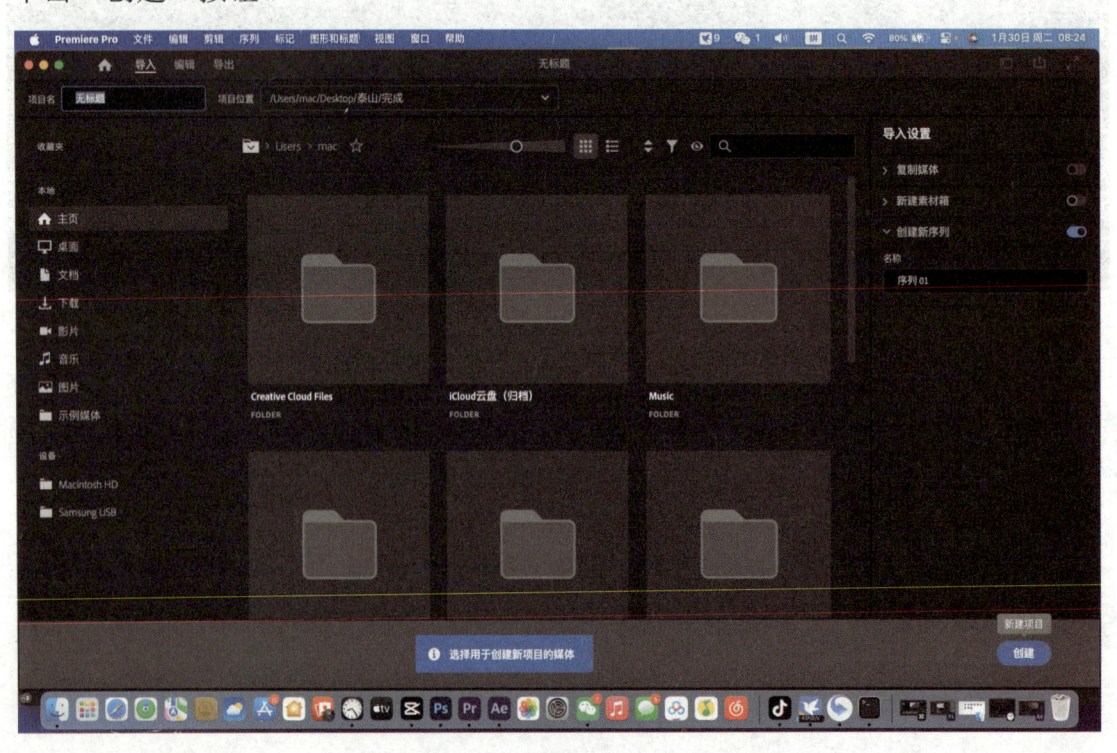

图 4-48 "新建项目"对话框

（2）选择"文件"→"新建"→"序列"命令，或按快捷键 Ctrl+N，弹出如图 4-49 所示的"新建序列"对话框，在左侧的"可用预设"列表框中选择"Digital SLR"文件夹中的"DSLR 1080p30"文件，单击"确定"按钮。

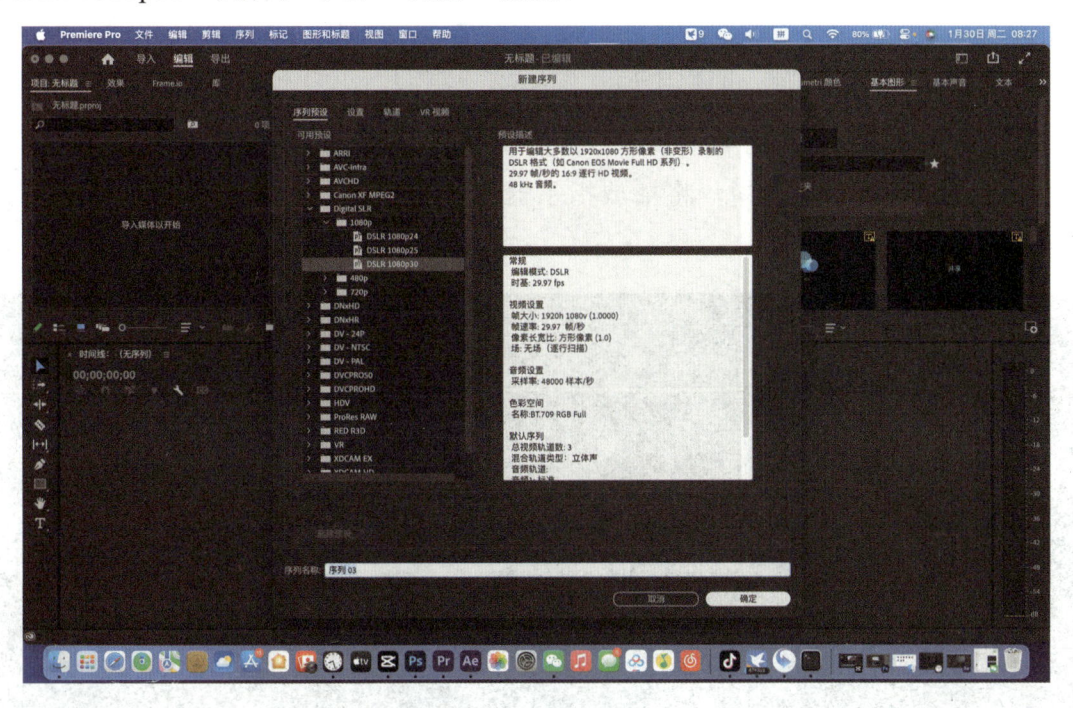

图 4-49 "新建序列"对话框

（3）选择"文件"→"导入"命令，或按快捷键 Ctrl+I，弹出"导入"对话框，将所需文件选中，单击"导入"按钮，将所选文件导入，如图 4-50 所示。

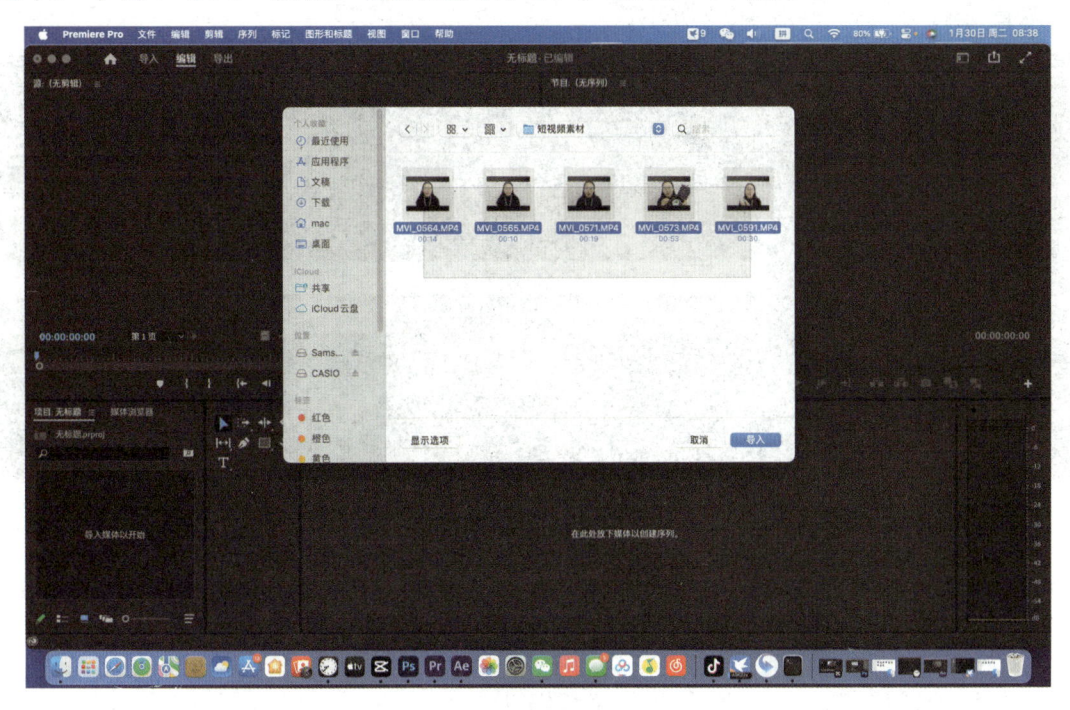

图 4-50 导入文件

(4)依次将鼠标指针移动到所需素材上方,按住鼠标左键,将所需素材拖动到"时间轴"面板中即可。

3. 编辑素材——剪去穿帮镜头

将素材添加至"时间轴"面板中后,可通过"剃刀"工具对素材进行分割,剪去穿帮镜头。下面介绍具体的操作方法。

(1)在"时间轴"面板中,将播放指示器移动到所需位置,单击"剃刀"工具,如图4-51所示。

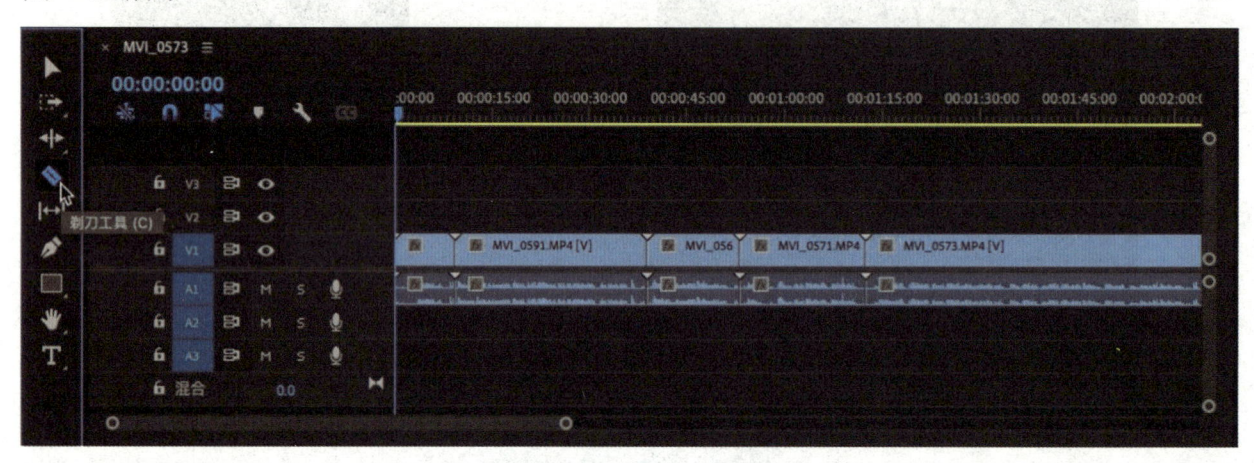

图4-51 单击"剃刀"工具

(2)将鼠标指针移动到素材上方的时间线所在位置并单击,即可将该素材沿当前时间线所在位置进行分割,如图4-52所示。

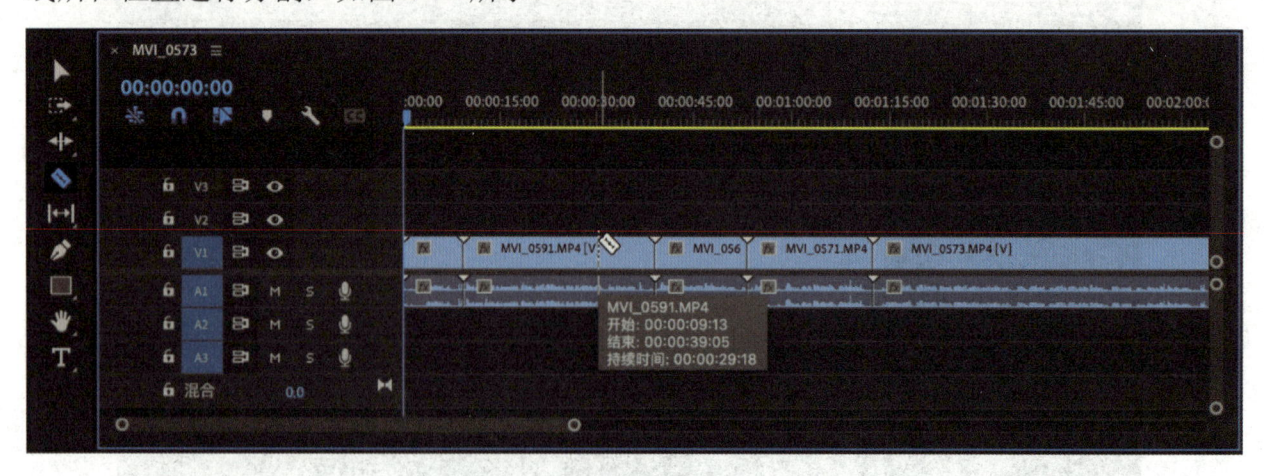

图4-52 分割素材

(3)完成上述操作后,素材被一分为二,使用"选择"工具选择穿帮部分素材,按Delete键将其删除。

(4)重复上述操作,即可删除所有穿帮镜头。

（5）删除所有穿帮镜头后，素材之间出现空隙，单击"波纹"工具，将鼠标指针移动到出现空隙的素材前面，按住鼠标左键并向左拖动鼠标，即可消除空隙。至此，种草类短视频《竹迹》的素材编辑工作——剪去穿帮镜头工作完成。

4．添加字幕

（1）选择"文件"→"导入"命令，弹出如图 4-53 所示的"导入"对话框，将准备好的字幕文件选中，单击"导入"按钮，将所选字幕文件导入 Premiere Pro 2022。

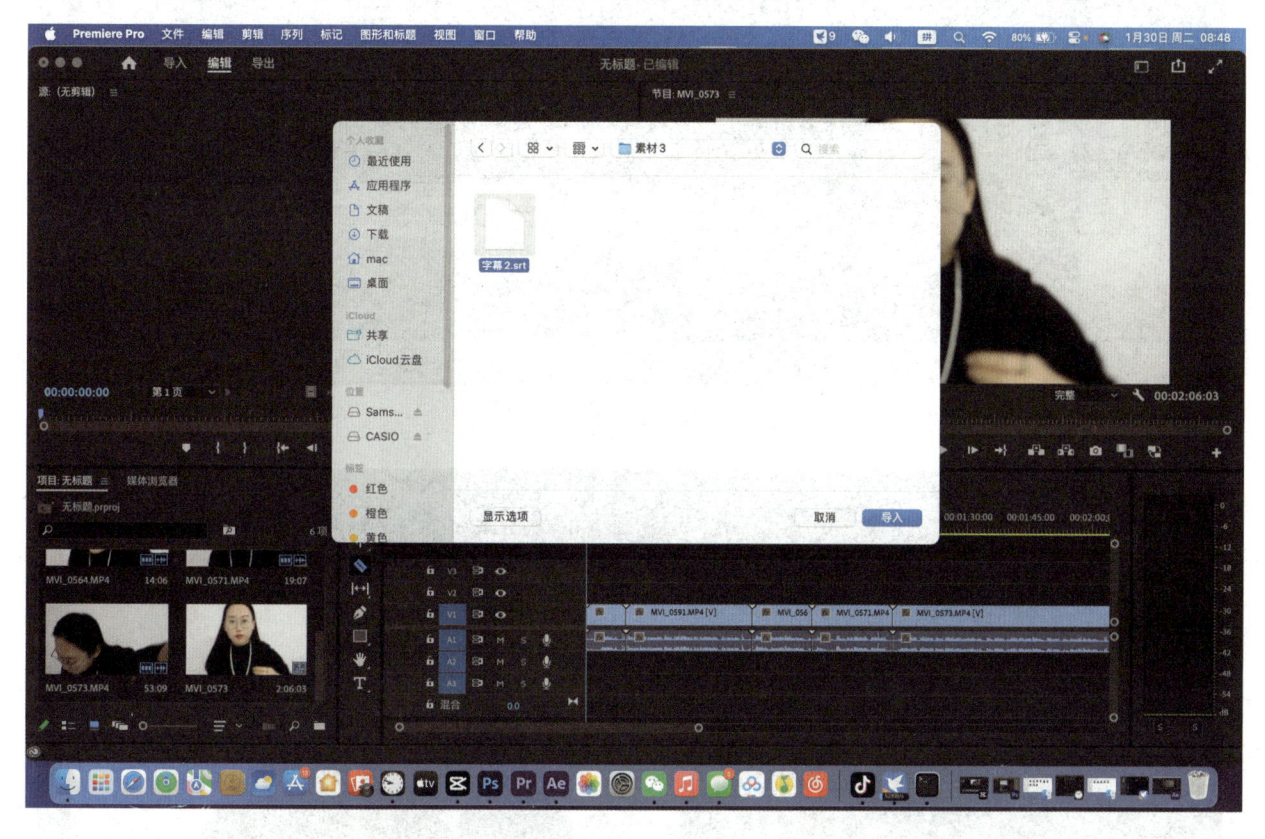

图 4-53 "导入"对话框

（2）将鼠标指针移动到所需素材上方，按住鼠标左键，将所需素材拖动到"时间轴"面板中，弹出如图 4-54 所示的"新字幕轨道"对话框，单击"确定"按钮，即可添加字幕。

（3）至此，种草类短视频《竹迹》的字幕添加工作完成。

5．导出短视频

（1）选择"文件"→"导出"命令，弹出如图 4-55 所示的"导出"对话框，设置所需文件名和存储位置，选择"格式"为"H264"，单击"导出"按钮。

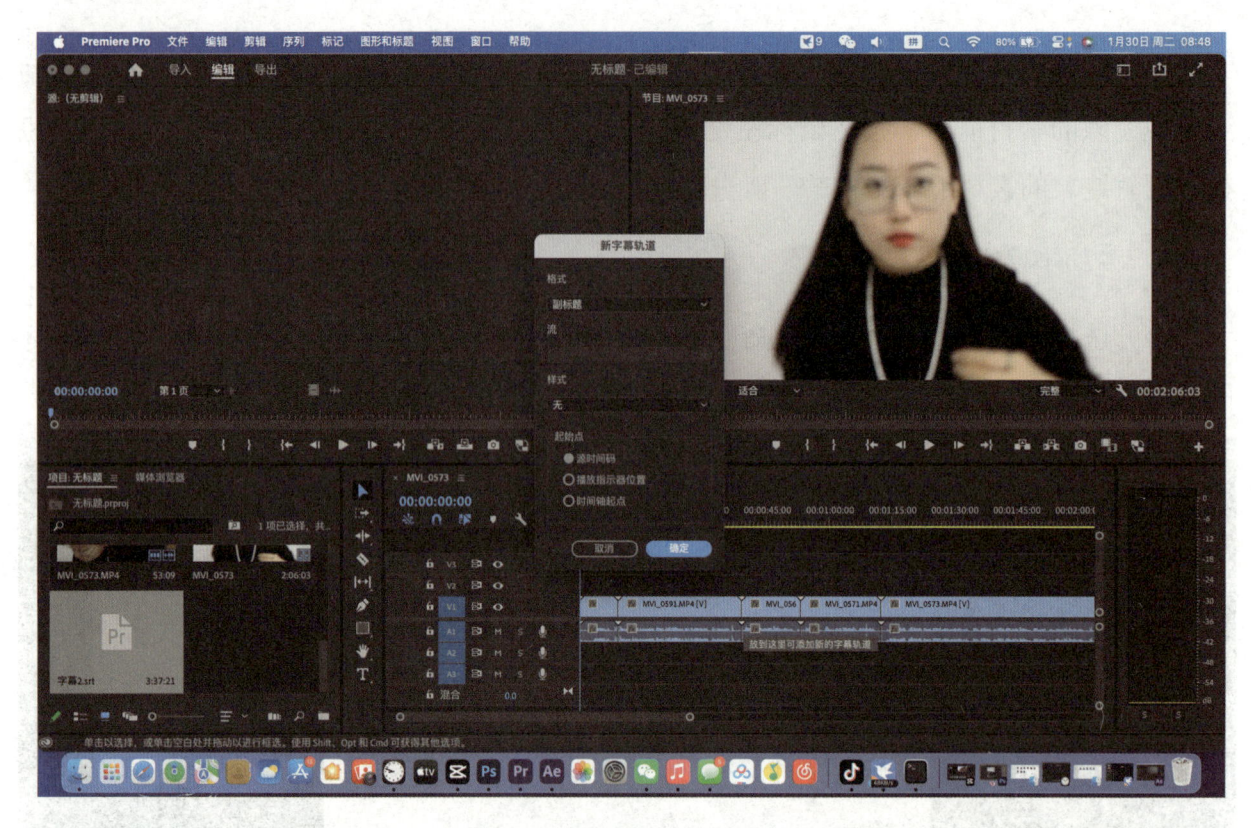

图 4-54 "新字幕轨道"对话框

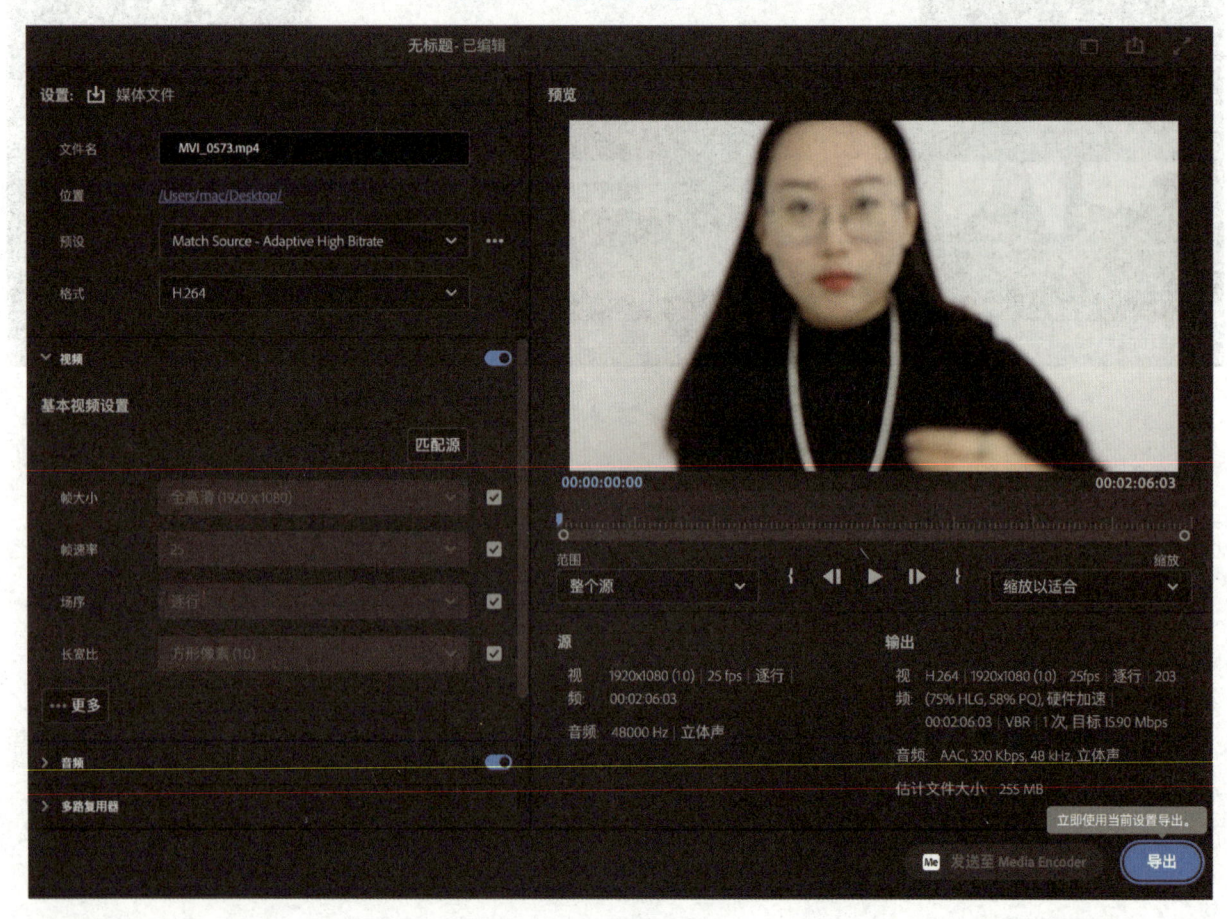

图 4-55 "导出"对话框

（2）完成上述操作后，即可在设定的计算机存储文件夹中找到导出的短视频。

6．保存文件

选择"文件"→"保存"命令或按快捷键 Ctrl+S，即可快速保存文件。

4.4 项目总结

种草类短视频《竹迹》使用 Premiere Pro 2022 制作完成了。种草类短视频《竹迹》思维导图包含了知识、能力、素质、技能及思政五方面的内容，如图 4-56 所示。

知识
1. 什么是种草及如何进行种草
2. 如何策划种草类短视频
3. Premiere Pro 2022 的基本操作方法

能力
1. 自主进行种草类短视频的策划
2. 使用 Premiere Pro 2022 剪辑种草类短视频

素质
1. 对中国非遗手工艺及传统文化的认知与传承
2. 对市场营销方式和商业思维的简要了解
3. 对各种草平台的机制与相关法律法规的了解

技能 —— Premiere Pro 2022 的基本操作技能

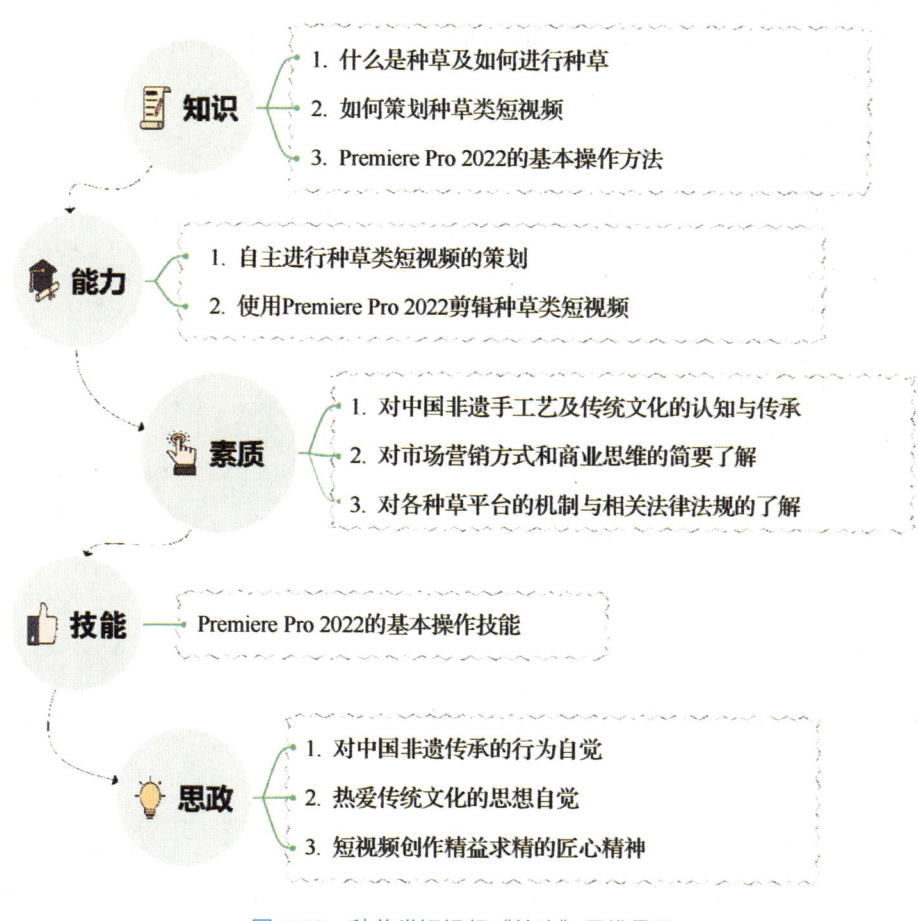

思政
1. 对中国非遗传承的行为自觉
2. 热爱传统文化的思想自觉
3. 短视频创作精益求精的匠心精神

图 4-56　种草类短视频《竹迹》思维导图

4.5 项目拓展

实训 1

任务工单：使用 Premiere Pro 2022 策划并制作有关家居产品的种草类短视频。

任务策划：选择自己感兴趣的家居产品，策划种草类短视频脚本，并根据脚本使用

Premiere Pro 2022 制作种草类短视频，要求包含字幕。

操作要点：（1）确定产品，做好前期调研工作；（2）根据调研结果确定产品卖点，锁定关键词并策划拍摄脚本；（3）拍摄素材并使用 Premiere Pro 2022 进行剪辑；（4）添加字幕；（5）导出作品。

实训 2

任务工单：使用 Premiere Pro 2022 策划并制作有关日用产品的种草类短视频。

任务策划：选择自己感兴趣的日用产品，策划种草类短视频脚本，并根据脚本使用 Premiere Pro 2022 制作种草类短视频，要求包含字幕。

操作要点：（1）确定产品，做好前期调研工作；（2）根据调研结果确定产品卖点，锁定关键词并策划拍摄脚本；（3）拍摄素材并使用 Premiere Pro 2022 进行剪辑；（4）添加字幕；（5）导出作品。

项目 5

剧情类短视频《向阳而生》创作

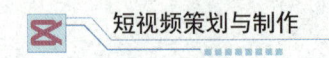

5.1 项目创意

剧情类短视频《向阳而生》以青春、励志为灵感，将镜头对准了校园生活，讲述了青年学子入学后经历迷茫、孤独，通过一个偶然的契机，最终获得成长的故事。

剧情类短视频《向阳而生》使用清新向上的镜头语言、简明直接的剪辑方式，通过画面与音乐的融合、视频过渡效果及视频效果的添加，展现青年学子从消极到勇往直前寻梦、追梦的心路历程的变化，进而引发观众对青春时光的共鸣和回忆。

剧情类短视频《向阳而生》使用 Premiere Pro 2022 编辑制作和导出。

5.2 技术要点

1. 认识剧情类短视频

剧情类短视频集趣味性和实用性于一身，在社会压力较大的当下，既可以供人们在闲暇时间娱乐解压，又可以通过剧情故事传播正能量或干货知识，这种类型的短视频受到了很多企业和个人的关注与追捧。

2. 剧情短视频策划

1）创编精彩剧本

剧情类短视频《向阳而生》将"青春"和"励志"两个元素结合起来，带有催人奋进与寓教于乐的色彩。它将故事的背景投放到校园中，讲述主人公的成长转变过程，通过对学生的学习及成长历程进行描绘，还原真实的校园环境和青春的脚步，并通过描写主人公遭遇迷茫与无助，最终通过自己的努力与奋斗苦尽甘来，收获自己想要的结果等故事情节来激励人们产生奋斗意识，唤醒人们对青春的记忆，引发共鸣，满足不同年龄层群众的审美需求，收获青春的成长。

2）精写分镜头脚本

在分镜头创作过程中，要注重分镜头脚本的编写，通过细节打动观众。剧情类短视频《向阳而生》的分镜头设计细化到每一个场景，每一处镜头，详细描述场景的选择、布置和剧情的发展，以便呈现出良好的拍摄效果。为保证拍摄工作更加快捷、高效，需要根据创作设想合理地设计剧本的分镜头脚本，分镜头脚本包括镜号、景别、拍摄方式、时长、音乐、内容/对白、素材。

3）丰富拍摄手段

（1）镜头要"稳"。

在拍摄过程中，尽量借助三脚架，力求让画面保持"平稳"，这样拍摄出的画面才会非常清晰，否则拍摄出的画面会令人头晕目眩。在进行手持拍摄时，应尽量在一个镜头中屏住呼吸或让身体找一个依靠点和支撑点，尽量运用短焦距镜头拍摄，这样可减少镜头的晃动次数。

（2）尽量多用固定镜头，少用移动镜头。

过多地移动镜头会令人眼花缭乱，无法静下心来关注剧情的发展。因此，即使在拍摄时要移动镜头，也要注意将移动速度保持均匀，不可忽快忽慢。

（3）使用多种方式拍摄。

拍摄方式可以从 3 个角度来看，分别为拍摄高度、拍摄距离、拍摄方向。从拍摄高度的角度来看，拍摄方式包括平拍（水平方向拍摄）、仰拍（由下往上拍摄）、俯拍（由上往下拍摄）。在大多数情况下，主要以平拍为主。但是一部短视频千篇一律地使用平拍，就会使人感到平淡乏味。偶尔变换一下拍摄方式，既可以为短视频增色，又可以丰富画面内容，还可以让观众详细了解要表现的主题。

（4）注意拍摄细节。

拍摄细节很重要，其中运用不同的景别可以拍摄出不同的风格，产生不同的节奏。剧情类短视频《向阳而生》在开场段落中，主人公无精打采拖着行李箱进入学校，8 秒的镜头依次运用特写、近景、中景进行拍摄，丰富了画面的表现层次，可以产生多样化的视觉效果，同时有利于后期的剪辑。

（5）背景音乐要流畅。

背景音乐需要精挑细选。根据短视频的主题，各个阶段的中心内容，可以分别采用不同的背景音乐，可以柔和，可以紧凑，可以节拍强，可以速度缓和，应让观众的心情随着故事情节的起伏发展而起落。

剧情类短视频《向阳而生》在背景音乐的使用上，为主人公心理和情感变化起到了烘托和渲染的作用。运用前后对比的手法，反映了主人公剧情前后精神状态的变化。该短视频运用了两段不同风格的音乐，根据主人公所处的环境，进行灵活的切换，从消沉、节奏缓慢到积极灿烂，充分体现了主人公的心情，让观众跟着剧情进行"时空穿梭"。画面与音乐和谐，更有利于观众对故事的理解，对主人公性格的了解，进而领会创作者本意。

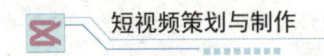

3. Premiere Pro 2022 视频过渡效果

在影视作品制作过程中，合理的镜头组接对影片的流畅度和情节的发展有着十分重要的作用，通过镜头组接可以实现视频过渡并创造出丰富的蒙太奇语言，能够表达出多样的艺术形式。

视频过渡也称视频转场，主要用在两个素材之间以实现场景的切换。通常在影视作品制作过程中，将视频过渡效果添加在两个相邻素材之间，这样在播放时可产生相对平缓或连贯的视觉效果，从而达到增强画面氛围感、吸引观众眼球的目的。

1）添加视频过渡效果

要添加视频过渡效果，就需要在"效果"面板中单击"视频过渡"左侧的折叠按钮，在展开的选项列表中选择需要添加的视频过渡效果，按住鼠标左键将选择的视频过渡效果拖动到"时间轴"面板的两个目标素材之间，如图 5-1 所示。

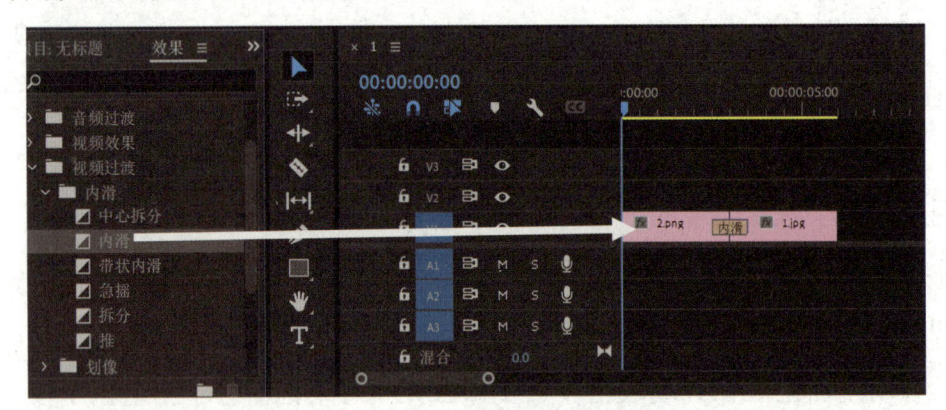

图 5-1　将视频过渡效果拖动到两个目标素材之间

2）编辑视频过渡效果

添加视频过渡效果后，双击"时间轴"面板中添加的视频过渡效果，打开如图 5-2 所示的"效果控件"面板，用户可以根据需要设置各选项。

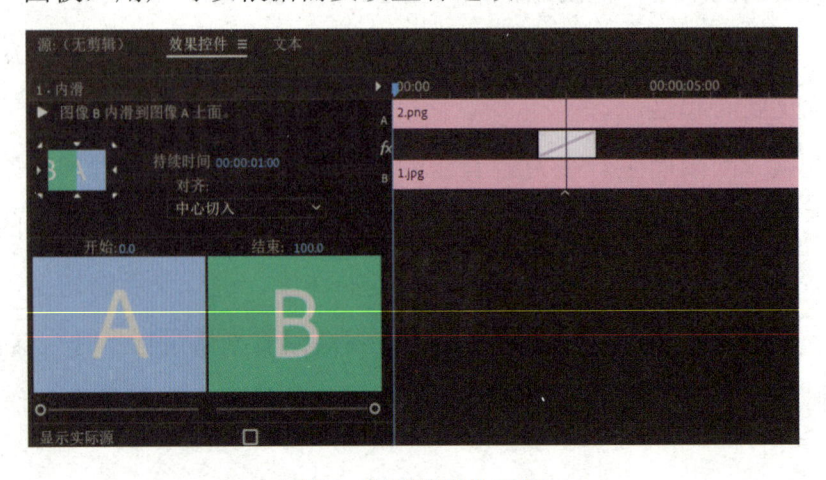

图 5-2　"效果控件"面板

"效果控件"面板中各选项的含义如下。

（1）持续时间：设置视频过渡持续的时间。

（2）对齐：设置视频过渡放置的位置。不同对齐方式的设置效果如图5-3所示。

对齐方式：起点切入　　　　对齐方式：中心点切入　　　　对齐方式：终点切入

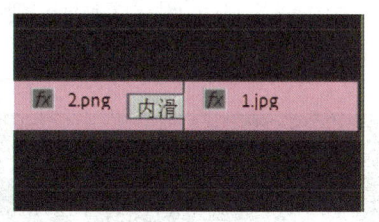

图5-3　不同对齐方式的设置效果

（3）编辑过渡方向：过渡方向示意图四周提供了多个三角形按钮，单击相应位置的三角形按钮，可更改过渡方向。选择过渡方向后的效果如图5-4所示。

图5-4　选择过渡方向后的效果

（4）剪辑预览窗口：通过调整滑块，可以设置过渡开始或结束的位置。调整滑块后的效果如图5-5所示。

图5-5　调整滑块后的效果

3）认识常用的视频过渡效果

Premiere Pro 2022 内置了 8 组视频过渡效果。"效果"面板如图 5-6 所示。

（1）"内滑"选项组。

"内滑"选项组的视频过渡效果是以滑动的形式来实现场景切换的，包括 6 种视频过渡效果，分别为中心拆分、内滑、带状内滑、急摇、拆分、推，如图 5-7 所示。

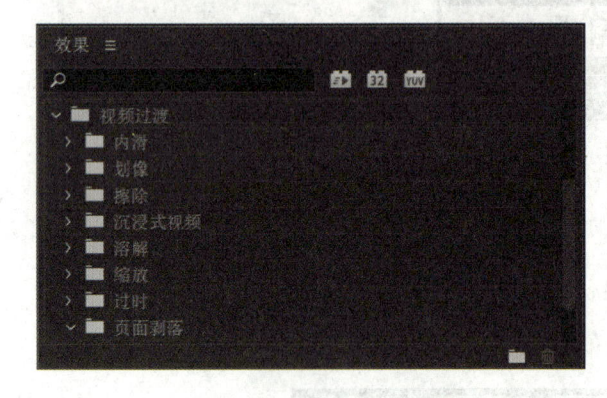

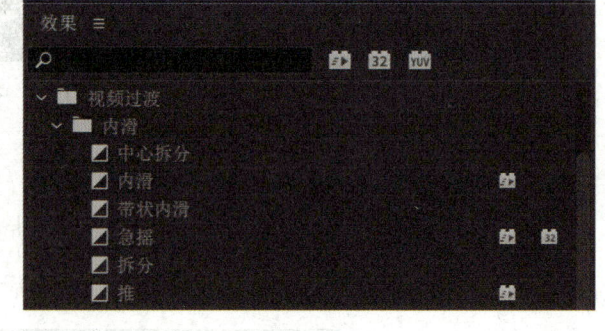

图 5-6 "效果"面板　　　　图 5-7 "内滑"选项组

下面介绍中心拆分、带状内滑、急摇这 3 种视频过渡效果。

① 中心拆分：素材 A 被分割为 4 部分，同时向 4 个角的方向移动，逐渐显示素材 B。"中心拆分"视频过渡效果如图 5-8 所示。

图 5-8 "中心拆分"视频过渡效果

② 带状内滑：素材 B 在水平、垂直或对角线方向以条形滑入，逐渐覆盖素材 A。"带状内滑"视频过渡效果如图 5-9 所示。

图 5-9 "带状内滑"视频过渡效果

③ 急摇：素材 A 在交替闪烁中过渡至素材 B。"急摇"视频过渡效果如图 5-10 所示。

图5-10 "急摇"视频过渡效果

(2)"划像"选项组。

"划像"选项组包括4种视频过渡效果,分别为交叉划像、圆划像、盒状划像、菱形划像,如图5-11所示。

下面介绍交叉划像、盒状划像这两种视频过渡效果。

① 交叉划像:素材B以十字形在素材A中逐渐展开。"交叉划像"视频过渡效果如图5-12所示。

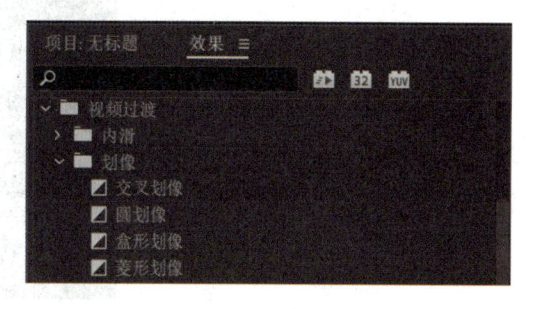

图5-11 "划像"选项组

图5-12 "交叉划像"视频过渡效果

② 盒状划像:素材B以矩形在素材A中逐渐展开。"盒状划像"视频过渡效果如图5-13所示。

图5-13 "盒状划像"视频过渡效果

(3)"擦除"选项组。

"擦除"选项组中的视频过渡效果是以相互擦除的形式来实现场景切换的,包括16种视频过渡效果,分别为划出、双侧平推门、带状擦除、径向擦除、插入、时钟式擦除、棋盘、棋盘擦除、楔形擦除、水波块、油漆飞溅、百叶窗、螺旋框、随机块、随机擦除、风车，如图5-14所示。

图5-14 "擦除"选项组

下面介绍划出、径向擦除、时针式擦除、棋盘、油漆飞溅、百叶窗、随机擦除、风车这8种视频过渡效果。

① 划出：素材B从素材A的一侧进入，逐渐覆盖素材A。"划出"视频过渡效果如图5-15所示。

图5-15 "划出"视频过渡效果

② 径向擦除：素材B从素材A的一角进入，像扇子一样逐渐覆盖素材A。"径向擦除"视频过渡效果如图5-16所示。

图5-16 "径向擦除"视频过渡效果

③ 时钟式擦除：素材 B 按顺时针或逆时针方向以旋转的形式进入，逐渐覆盖素材 A。"时钟式擦除"视频过渡效果如图 5-17 所示。

图 5-17 "时钟式擦除"视频过渡效果

④ 棋盘：素材 A 与素材 B 交替擦除以显示素材 B。"棋盘"视频过渡效果如图 5-18 所示。

图 5-18 "棋盘"视频过渡效果

⑤ 油漆飞溅：素材 B 以油漆飞溅的形式进入，逐渐覆盖素材 A。"油漆飞溅"视频过渡效果如图 5-19 所示。

图 5-19 "油漆飞溅"视频过渡效果

⑥ 百叶窗：素材 B 以百叶窗的形式进入，逐渐覆盖素材 A。"百叶窗"视频过渡效果如图 5-20 所示。

图 5-20 "百叶窗"视频过渡效果

⑦ 随机擦除：用随机的边缘对素材 A 进行擦除以显示素材 B。"随机擦除"视频过渡效果如图 5-21 所示。

图 5-21 "随机擦除"视频过渡效果

⑧ 风车：素材 B 以旋转的风车的形式进入，逐渐覆盖素材 A。"风车"视频过渡效果如图 5-22 所示。

图 5-22 "风车"视频过渡效果

图 5-23 "沉浸式视频"选项组

（4）"沉浸式视频"选项组。

"沉浸式视频"选项组包括 8 种视频过渡效果，分别为 VR 光圈擦除、VR 光线、VR 渐变擦除、VR 漏光、VR 球形模糊、VR 色度泄漏、VR 随机块、VR 默比乌斯缩放，如图 5-23 所示。

下面介绍 VR 光圈擦除、VR 球形模糊、VR 默比乌斯缩放这 3 种视频过渡效果。

① VR 光圈擦除："VR 光圈擦除"视频过渡效果如图 5-24 所示。

图 5-24 "VR 光圈擦除"视频过渡效果

② VR 球形模糊："VR 球形模糊"视频过渡效果如图 5-25 所示。

图 5-25 "VR 球形模糊"视频过渡效果

③ VR 默比乌斯缩放:"VR 默比乌斯缩放"视频过渡效果如图 5-26 所示。

图 5-26 "VR 默比乌斯缩放"视频过渡效果

(5)"溶解"选项组。

"溶解"选项组包括 7 种视频过渡效果,分别为 MorphCut、交叉溶解、叠加溶解、白场过渡、胶片溶解、非叠加溶解、黑场过渡,如图 5-27 所示。

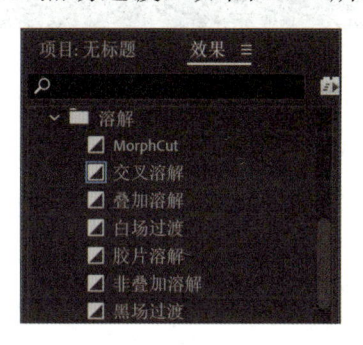

图 5-27 "溶解"选项组

下面介绍交叉溶解、叠加溶解、白场过渡、黑场过渡这 4 种视频过渡效果。

① 交叉溶解:淡入素材 B 的同时淡出素材 A。"交叉溶解"视频过渡效果如图 5-28 所示。

图 5-28 "交叉溶解"视频过渡效果

② 叠加溶解：来自素材 B 的颜色信息叠加至素材 A，并逐渐覆盖素材 A 的颜色信息。"叠加溶解"视频过渡效果如图 5-29 所示。

图 5-29 "叠加溶解"视频过渡效果

③ 白场过渡：从素材 A 淡化至白色，从白色渐显为素材 B。

④ 黑场过渡：从素材 A 淡化至黑色，从黑色渐显为素材 B。"黑场过渡"视频过渡效果如图 5-30 所示。

图 5-30 "黑场过渡"视频过渡效果

（6）"缩放"选项组。

"缩放"选项组只包括一种视频过渡效果，即交叉缩放。

交叉缩放：素材 A 逐渐放大，冲出屏幕，素材 B 由大到小缩放至合适的尺寸。

（7）"过时"选项组。

"过时"选项组包括 3 种视频过渡效果，分别为渐变擦除、立方体旋转、翻转，如图 5-31 所示。

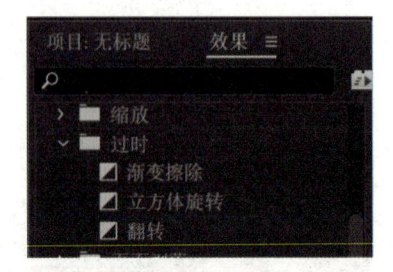

图 5-31 "过时"选项组

① 渐变擦除：按照用户选定的图像渐变柔和擦除，以实现素材 A 至素材 B 的过渡。"渐变擦除"视频过渡效果如图 5-32 所示。

图 5-32 "渐变擦除"视频过渡效果

② 立方体旋转：素材 A 旋转以显示素材 B，两个素材分别映射至立方体的两个面上。"立方体旋转"视频过渡效果如图 5-33 所示。

图 5-33 "立方体旋转"视频过渡效果

③ 翻转：素材 A 翻转至所选颜色后，显示素材 B。"翻转"视频过渡效果如图 5-34 所示。

图 5-34 "翻转"视频过渡效果

(8)"页面剥落"选项组。

"页面剥落"选项组包括两种视频过渡效果，分别为翻页、页面剥落，如图 5-35 所示。

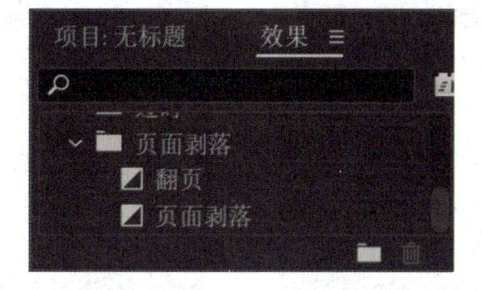

图 5-35 "页面剥落"选项组

① 翻页：素材 A 卷曲以显示下面的素材 B。"翻页"视频过渡效果如图 5-36 所示。

图 5-36 "翻页"视频过渡效果

② 页面剥落：素材 A 卷曲并在后面留下阴影以显示下面的素材 B。"页面剥落"视频过渡效果如图 5-37 所示。

图 5-37 "页面剥落"视频过渡效果

4. Premiere Pro 2022 视频效果

Premiere Pro 2022 中的视频效果，与 Photoshop 中的滤镜类似。视频效果的处理过程就是将原始素材或已经包含某种特效的素材，经过软件内置的计算方法重新处理，并按要求进行输出的过程。借助视频效果，可以设计出许多现实生活中无法实现的特技场景。

1）添加视频效果

要添加视频效果，就需要在"效果"面板中单击"视频效果"左侧的折叠按钮，在展开的选项列表中选择需要添加的视频效果。"效果"面板如图 5-38 所示。按住鼠标左键将选择的视频效果拖动到"时间轴"面板的素材上。此时，"效果控件"面板如图 5-39 所示。设置相关选项，即可实现相应的视频效果。

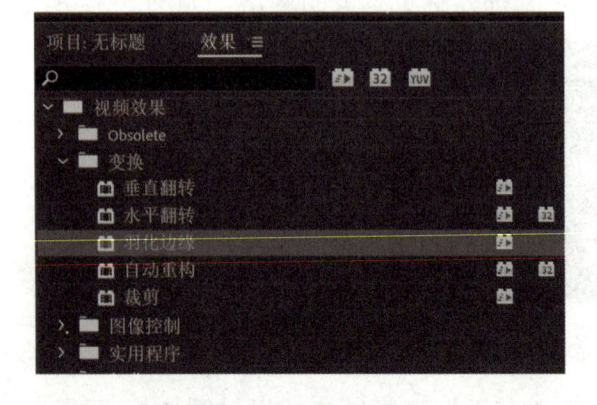

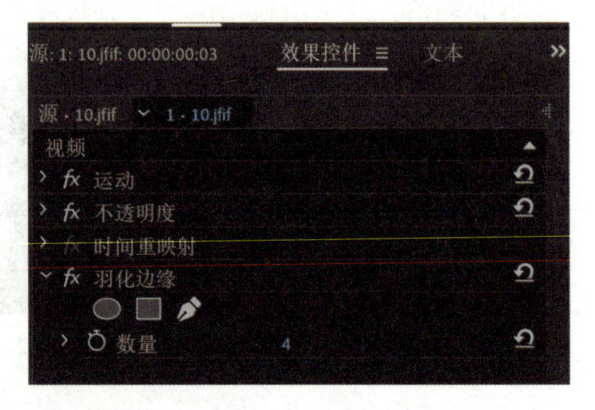

图 5-38 "效果"面板　　　　图 5-39 "效果控件"面板

2）删除视频效果

要删除视频效果，可以在"效果控件"面板中选择需要删除的视频效果，按 Delete 键，或右击要删除的视频效果，在弹出的快捷菜单中选择"清除"命令。

3）复制和移动视频效果

要复制视频效果，可以在"效果控件"面板中，选择设置好的视频效果，使用"编辑"菜单中的"复制"和"粘贴"命令。

要移动视频效果，可以在"效果控件"面板中，选择设置好的视频效果，使用"编辑"菜单中的"剪切"和"粘贴"命令。

4）添加和删除效果关键帧

单击视频效果选项左侧的"切换动画"按钮，可以添加效果关键帧，调整"时间轴"面板的位置，修改视频效果选项的参数，系统会自动将修改的参数添加为关键帧，此时即可变化视频效果。

要删除已添加的效果关键帧，可以选择该关键帧，并按 Delete 键。

5）认识常用的视频效果

（1）"变换"选项组。

"变换"选项组中的视频效果可以使素材产生二维或三维的形状变化。"变换"选项组包括 5 种视频效果，分别为垂直翻转、水平翻转、羽化边缘、自动重构、裁剪，如图 5-40 所示。

图 5-40 "变换"选项组

① 垂直翻转：使素材沿垂直方向翻转。

② 水平翻转：使素材沿水平方向翻转。

③ 羽化边缘：对素材的边缘进行羽化。

④ 自动重构：自动重构素材。

⑤ 裁剪：使素材沿边缘向内裁剪，裁剪过的画面尺寸扩大至原始图像尺寸。

"变换"选项组中常见的几种视频效果如图 5-41 所示。

原图　　　　　　　　　　　　　"垂直翻转"视频效果

"水平翻转"视频效果　　　　　　　"裁剪"视频效果

图 5-41 "变换"选项组中常见的几种视频效果

（2）"扭曲"选项组。

"扭曲"选项组中的视频效果可以使素材从中间弯曲、扭曲或边缘发生形状变化。"扭曲"选项组包括 12 种视频效果，分别为 Lens Distortion、偏移、变形稳定器、变换、放大、旋转扭曲、果冻效应修复、波形变形、湍流置换、球面化、边角定位、镜像，如图 5-42 所示。

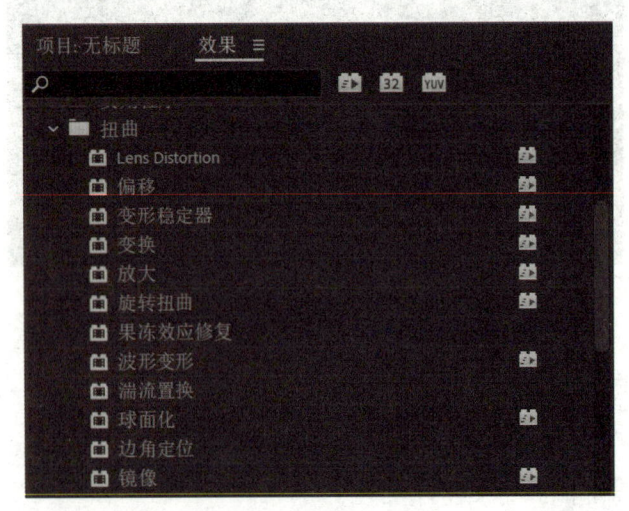

图 5-42 "扭曲"选项组

① Lens Distortion：使素材沿水平方向和垂直方向扭曲变形。"Lens Distortion"视频效果如图 5-43 所示。

图 5-43 "Lens Distortion" 视频效果

② 偏移：将素材进行复制并偏移，通过混合显示新画面。

③ 变形稳定器：消除滚动快门的伪影。

④ 变换：对素材应用二维几何效果，并将素材沿任何方向倾斜。

⑤ 放大：使素材产生类似放大镜的扭曲变形效果。

⑥ 旋转扭曲：使素材沿某个指定的中心旋转变形，产生拖尾效果。

⑦ 果冻效应修复：消除抖动和滚动式快门伪影，或消除其他与运动相关镜头的异常情况。

⑧ 波形变形：使素材产生类似水波纹的扭曲变形效果。

⑨ 湍流置换：使素材产生不规律的凸起、旋转等形状的扭曲变形效果。

⑩ 球面化：将素材包裹在球面上，形成三维效果。

⑪ 边角定位：利用素材 4 个顶点坐标的变化，使素材产生透视扭曲变形效果。

⑫ 镜像：按设置的方向，沿一条直线将素材分割成两部分，其中一部分是原素材的镜像画面。"镜像"视频效果如图 5-44 所示。

图 5-44 "镜像"视频效果

（3）"杂色与颗粒"选项组。

"杂色与颗粒"选项组中的视频效果以 Alpha、HLS 为条件，用于使素材画面上产生不同程度的颗粒。"杂色与颗粒"选项组只包括一种视频效果，即杂色。

杂色：在素材上添加杂色，使素材画面上产生颗粒。"杂色"视频效果如图 5-45 所示。

图 5-45 "杂色"视频效果

（4）"模糊与锐化"选项组。

"模糊与锐化"选项组中的视频效果，用于使素材产生模糊或边缘锐化的效果。"模糊与锐化"选项组包括 6 种视频效果，分别为 Camera Blur、减少交错闪烁、方向模糊、钝化蒙版、锐化、高斯模糊，如图 5-46 所示。

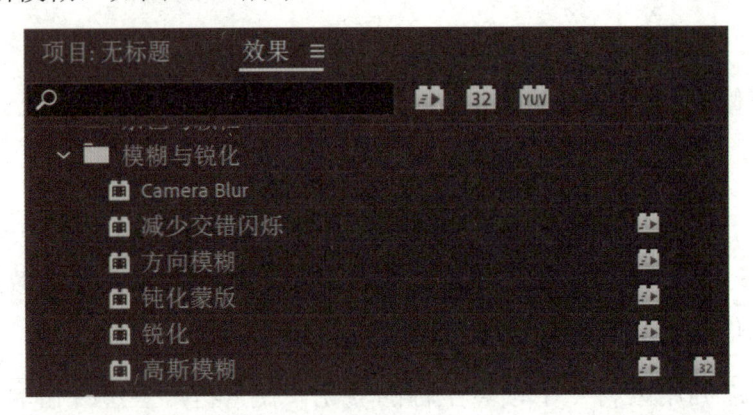

图 5-46 "模糊与锐化"选项组

① Camera Blur：为素材添加摄像机变焦拍摄时产生的画面模糊效果。

② 减少交错闪烁：通过融合高对比色领域之间的边缘，使暗部与亮部之间产生的视频过渡效果更自然。

③ 方向模糊：将素材按指定的方向进行模糊处理。

④ 钝化蒙版：通过增加素材中定义边缘的颜色之间的对比度来产生特殊的画面效果。

⑤ 锐化：通过增加素材中相邻色彩像素的对比度来提高清晰度。

⑥ 高斯模糊：在对素材进行模糊处理的同时柔化素材画面，消除噪点。

（5）"生成"选项组。

"生成"选项组包括 4 种视频效果，分别为四色渐变、渐变、镜头光晕、闪电，如图 5-47 所示。

① 四色渐变：通过调整素材的透明度和叠加方式，产生特殊的四色渐变效果。"效果控件"面板中的选项设置及视频效果如图 5-48 所示。

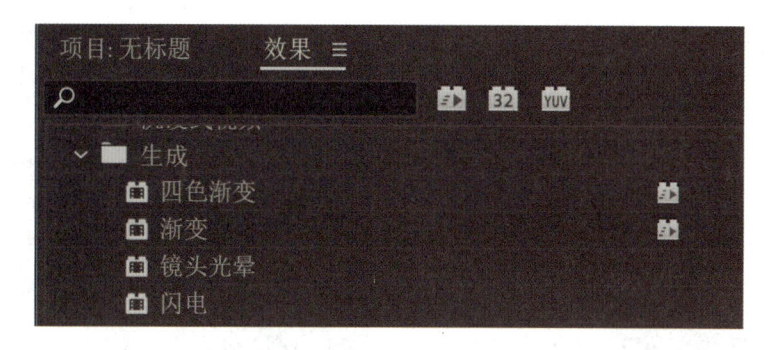

图 5-47 "生成"选项组

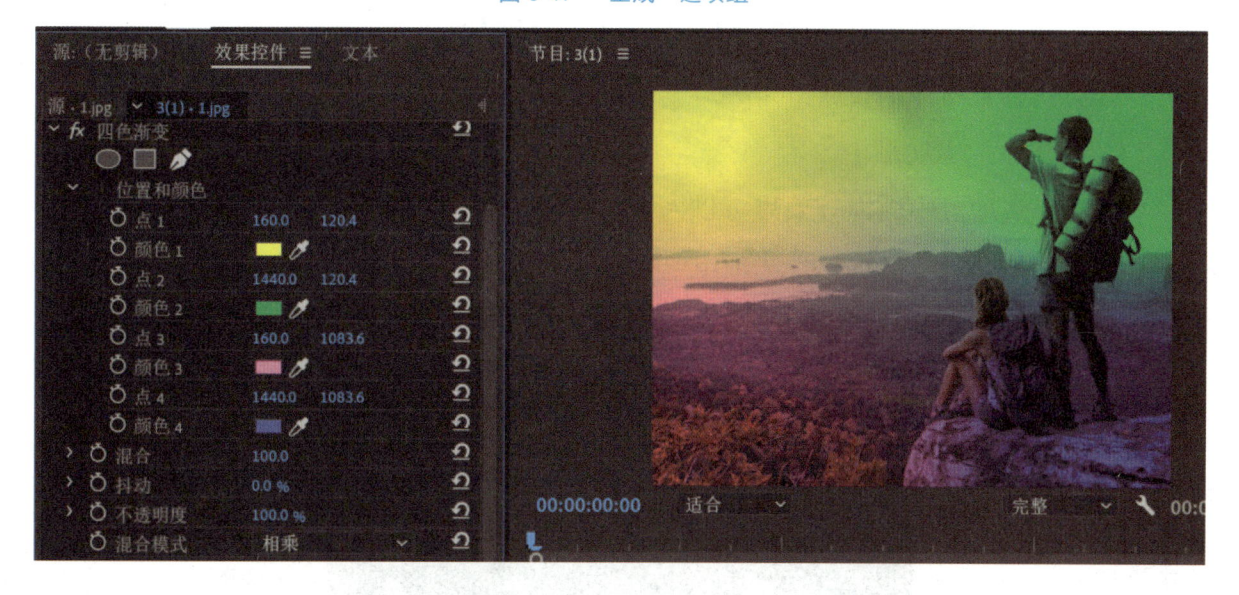

图 5-48 "效果控件"面板中的选项设置及视频效果

② 渐变：为素材添加颜色渐变效果。

③ 镜头光晕：为素材添加模拟摄像机在强光下产生的镜头光晕效果。

④ 闪电：为素材添加闪电效果。

(6) "透视"选项组。

"透视"选项组中的视频效果可以为素材添加透视效果。"透视"选项组包括两种视频效果，分别为基本 3D、投影，如图 5-49 所示。

图 5-49 "透视"选项组

① 基本 3D：对素材进行三维变换，如绕水平轴或垂直轴旋转，产生运动效果，可以设置图像被拉远或推近的效果。"基本 3D"视频效果如图 5-50 所示。

图 5-50 "基本 3D"视频效果

② 投影：为素材添加投影效果。

(7)"风格化"选项组。

"风格化"选项组中的视频效果可以为素材添加滤镜，以模拟绘画、雕刻、摄影等，增强素材的视觉冲击力。"风格化"选项组包括 9 种视频效果，分别为 Alpha 发光、复制、彩色浮雕、查找边缘、画笔描边、粗糙边缘、色调分离、闪光灯、马赛克，如图 5-51 所示。

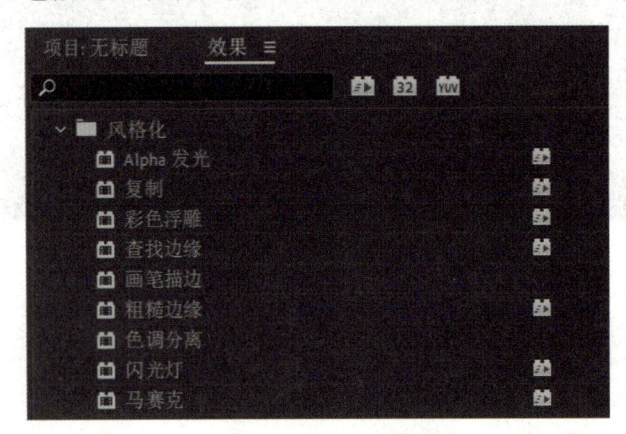

图 5-51 "风格化"选项组

① Alpha 发光：为素材添加一圈渐变的辉光效果。

② 复制：横向或纵向复制素材，同时原始素材被缩小。"效果控件"面板中的"计数"选项用来设置素材的复制倍数。设置"计数"为"3"后的效果如图 5-52 所示。

图 5-52 设置"计数"为"3"后的效果

③ 彩色浮雕：为素材添加包含颜色的浮雕效果。

④ 查找边缘：对素材的边缘进行勾勒，使素材产生类似素描或底片的效果。"查找边缘"视频效果如图5-53所示。

图5-53 "查找边缘"视频效果

⑤ 画笔描边：为素材添加水彩画效果。

⑥ 粗糙边缘：使素材的颜色边缘变得粗糙。

⑦ 色调分离：使素材中的颜色信息量减少，产生颜色分离效果。

⑧ 闪光灯：常用于连续的视频素材，通过添加闪光灯模拟计算机屏幕的闪烁效果，增强视觉感染力。

⑨ 马赛克：为素材添加马赛克效果。

（8）"颜色校正"选项组。

"颜色校正"选项组中的视频效果可以调节素材与颜色相关的各种元素，使素材产生不同的画面效果。"颜色校正"选项组包括6种视频效果，分别为ASC CDL、Brightness & Contrast、Lumetri 颜色、色彩、视频限制器、颜色平衡，如图5-54所示。

图5-54 "颜色校正"选项组

① ASC CDL：通过对素材的红、绿、蓝进行调整，校正素材的色彩。

② Brightness & Contrast：调节素材的亮度和对比度。

③ Lumetri 颜色：包括基本校正、创意、曲线、色轮和匹配。

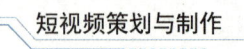

④ 色彩：指定一种颜色，对素材进行颜色映射处理，使素材产生特殊效果。

⑤ 视频限制器：在对素材进行色彩调节时，设置视频限制范围，以使素材更精确地显示。

⑥ 颜色平衡：调节素材的色彩平衡。

（9）"键控"选项组。

"键控"选项组中的视频效果的实质就是抠像与合成。"键控"选项组包括 5 种视频效果，分别为 Alpha 调整、亮度键、超级键、轨道遮罩键、颜色键，如图 5-55 所示。

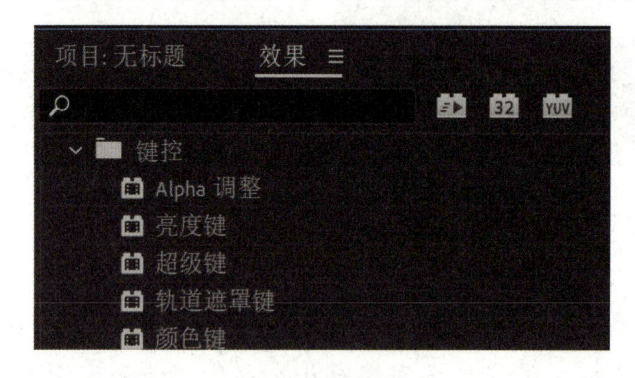

图 5-55 "键控"选项组

① Alpha 调整：按照素材的灰度级别控制抠像效果，即通过控制素材的 Alpha 通道调整抠像效果。

② 亮度键：根据素材的明亮程度控制抠像效果。

③ 超级键：将素材的某种颜色及相似的颜色范围设置为透明。

④ 轨道遮罩键：将相应轨道上的素材作为被叠加的素材背景底纹，底纹背景决定被叠加素材的透明区域。

⑤ 颜色键：使用"吸色管"工具指定颜色，确定区域，使这个区域透明。

5.3 项目实施

项目实施部分介绍了剧情类短视频《向阳而生》的创作过程，依次为撰写脚本，新建项目和序列，导入、管理与编辑素材，添加字幕，添加视频过渡效果，添加视频效果，添加与编辑音频，导出短视频。

1. 撰写脚本

依据前期的初步构想，根据策划思路，编写剧情类短视频《向阳而生》分镜头脚本。剧情类短视频《向阳而生》分镜头脚本如表 5-1 所示。

表 5-1 剧情类短视频《向阳而生》分镜头脚本

镜号	景别	拍摄方式	时长	音乐	内容/对白	素材
1	特写	无	8秒		字幕"你想成为怎样的人"	行李箱
2	特写	正面拍摄			篮球场围栏像网一样交错在一起	
3	特写	侧面拍摄			手扶着行李箱	
4	近景	侧面拍摄			男生低着头无精打采地向前走	
5	中景	背面拍摄			男生背对镜头推着行李箱向教学楼的方向走	
6	特写	俯拍	16秒		手机屏幕闹钟震动	手机与比赛报名表
7	近景	正面拍摄			空荡的教室里,男生拿起报名表查看	
8	特写	俯拍			空白报名表	
9	近景	侧面拍摄			男生拿起笔填写报名表,写了几个字,放下笔	
10	特写	侧面拍摄			男生把报名表团成纸团	
11	近景	侧面拍摄			男生把纸团扔掉,沮丧地趴在桌子上	
12	全景	仰拍	5秒	消沉、节奏缓慢的音乐	泛黄的树影	树影、长椅
13	中景	侧面拍摄			男生独自走到校园的长椅前	
14	中景	正面拍摄			男生低着头坐在长椅上	
15	特写	侧面拍摄			男生低头沉思	
16	特写	无	10秒		字幕"你是否迷茫无助"	树叶、操场
17	特写	正面拍摄			泛黄的树叶随风摆动	
18	中景	侧面拍摄			男生独自一人走在学校操场上	
19	中景	背面拍摄			男生低头向画面远处走去	
20	全景	俯拍			学校操场	
21	全景	侧面拍摄			男生独自坐在看台上,看着其他同学结伴活动	
22	近景	侧面拍摄			男生坐在看台上若有所思	
23	特写	无	23秒		字幕"你是否无人关注"	《人生》
24	近景	侧面拍摄			男生慢慢从书架后面走过	
25	中景	侧面拍摄			男生慢慢从排列整齐的书架前面走过	
26	特写	侧面拍摄			男生一边走一边浏览书架上的书	
27	特写	侧面拍摄			男生的手抚过一本本书,将一本拥有白色封面的书抽出书架	
28	中景	侧面拍摄			男生捧着书低头认真看	
29	特写	俯拍			显示书的封面《人生》	
30	中景	侧面拍摄			男生捧着书低头翻动	
31	特写	俯拍			书的内页中出现一张便利贴	
32	特写	俯拍			便利贴的内容:加油,活出精彩的自己	
33	特写	仰拍			男生慢慢抬起头,扬起嘴角	

续表

镜号	景别	拍摄方式	时长	音乐	内容/对白	素材
34	特写	无	25秒	《这场青春值得骄傲》	字幕"突破自己，打破迷茫"	计算机
35	特写	仰拍			阳光明媚，树叶摆动	
36	特写	侧面拍摄			男生站在操场上的起跑线处	
37	特写	侧面拍摄			男生以起跑的姿势蹲在操场上，抬起头向前看	
38	特写	侧面拍摄			男生的手和脚支撑在跑道上，蓄势待发	
39	近景	侧面拍摄			男生起跑向前冲	
40	全景	正面拍摄			男生迎着风快速向前奔跑	
41	全景	背面拍摄			男生迎着风快速冲向终点	
42	特写	正面拍摄			钟表指针快速走动	
43	特写	正面拍摄			翻动书	
44	近景	侧面拍摄			男生坐在教室中认真地书写笔记	
45	特写	俯拍			男生的手敲打键盘	
46	近景	侧面拍摄			男生专注地盯着计算机屏幕制图	
47	特写	正面拍摄			阳光明媚，树叶轻轻晃动	
48	近景	正面拍摄			男生和另外两名男同学拿着课本坐在校园的长椅上讨论	
49	中景	正面拍摄			三人在操场上一边散步一边说笑	
50	特写	无	27秒		字幕"追寻目标，做你想做的人"	荣誉墙、比赛报名表
51	近景	正面拍摄			男生一边走一边看荣誉墙	
52	中景	背面拍摄			男生站在荣誉墙前看墙上的内容	
53	中景	侧面拍摄			男生站在荣誉墙前陷入沉思	
54	特写	俯拍			空白报名表	
55	特写	俯拍			填写报名表	
56	特写	仰拍			钟表指针快速走动	
57	近景	正面拍摄			男生接过获奖证书和奖杯，开心地举起	
58	特写	无			字幕"向阳而生，活出精彩的自己"	

2. 新建项目和序列

（1）启动 Premiere Pro 2022，选择"文件"→"新建"→"项目"命令，或按快捷键 Ctrl+Alt+N，弹出"新建项目"对话框，设置"名称"为"向阳而生"，并设置新建项目的存储位置，单击"创建"按钮。

（2）选择"文件"→"新建"→"序列"命令，弹出如图 5-56 所示的"新建序列"对话框，默认序列为"序列 01"，在左侧的"可用预设"列表框中选择"HDV"文件夹中的"HDV 1080p30"文件，单击"确定"按钮。

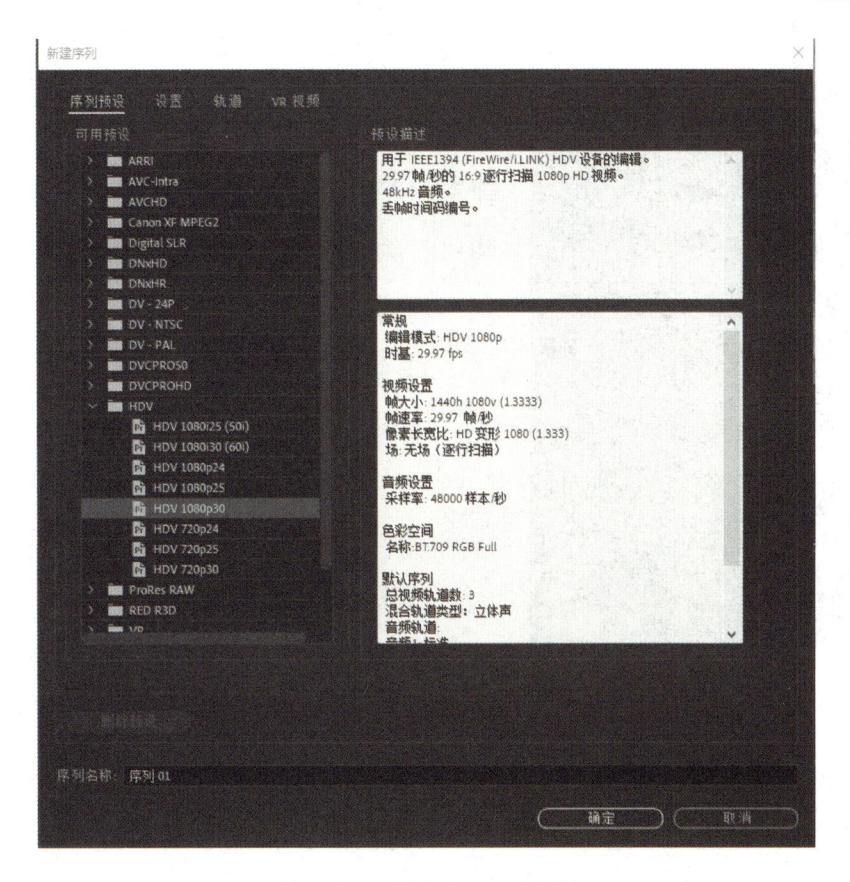

图 5-56 "新建序列"对话框

3. 导入、管理与编辑素材

1）导入素材

选择"文件"→"导入"命令，或按快捷键 Ctrl+I，或右击"项目"面板中的空白位置，在弹出的快捷菜单中选择"导入"命令，弹出"导入"对话框。选择所需素材，单击"导入"按钮，即可将选择的素材导入"项目"面板，如图 5-57 所示。

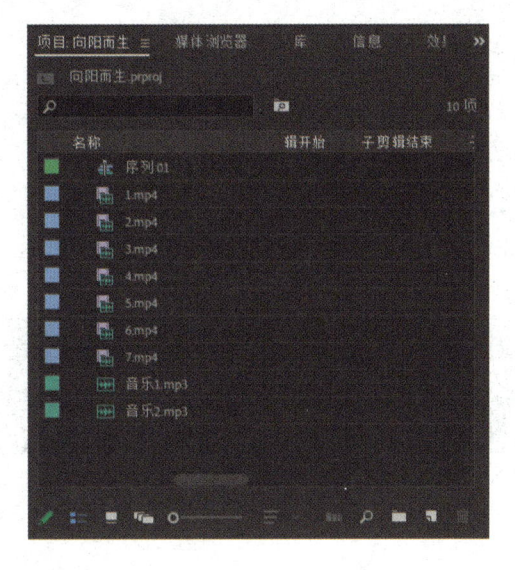

图 5-57 导入素材

图 5-58 新建两个素材箱并分别命名

2）管理素材

单击底部的"新建素材箱"按钮■，可自动新建素材箱。新建两个素材箱，分别命名为"视频"和"音频"，如图 5-58 所示。将导入的素材分类放入不同的素材箱。

3）编辑素材

（1）双击素材，可预览效果，如图 5-59 所示。按照剧情类短视频《向阳而生》分镜头脚本的镜头排列顺序，依次选择并拖动素材 1～素材 7 到轨道 V1 上，如图 5-60 所示。

（2）在"时间轴"面板中，按住鼠标左键拖动，选择轨道 V1 和轨道 A1 上的全部视频并右击，在弹出的快捷菜单中选择"取消链接"命令，即可取消链接。

（3）按住鼠标左键拖动，选择轨道 A1 上的全部音频（见图 5-61）并右击，在弹出的快捷菜单中选择"清除"命令，即可将轨道 A1 上的全部音频删除。删除音频后的效果如图 5-62 所示。

图 5-59 预览效果

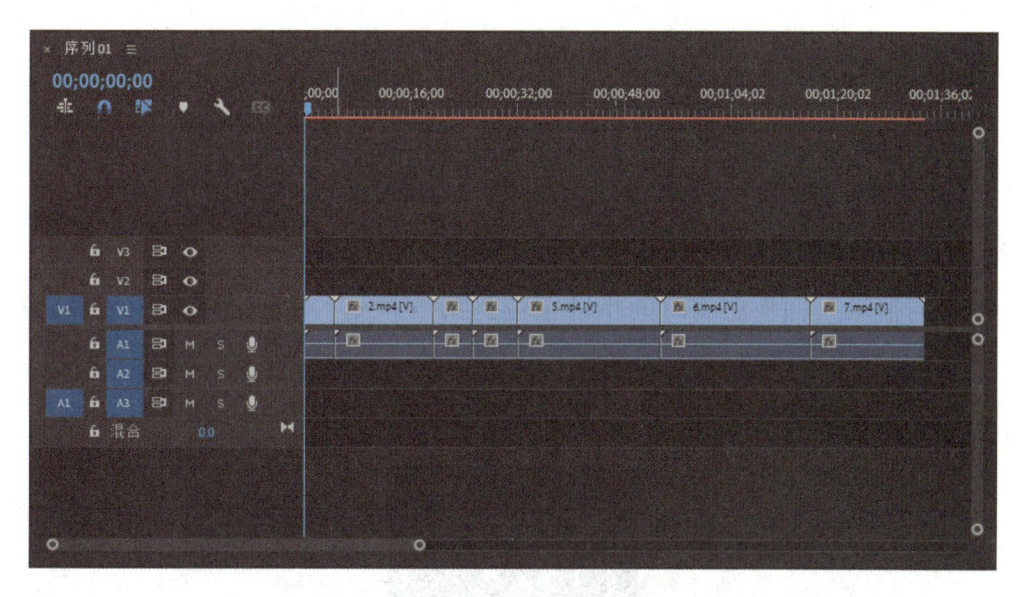

图 5-60　拖动素材 1~素材 7 到轨道 V1 上

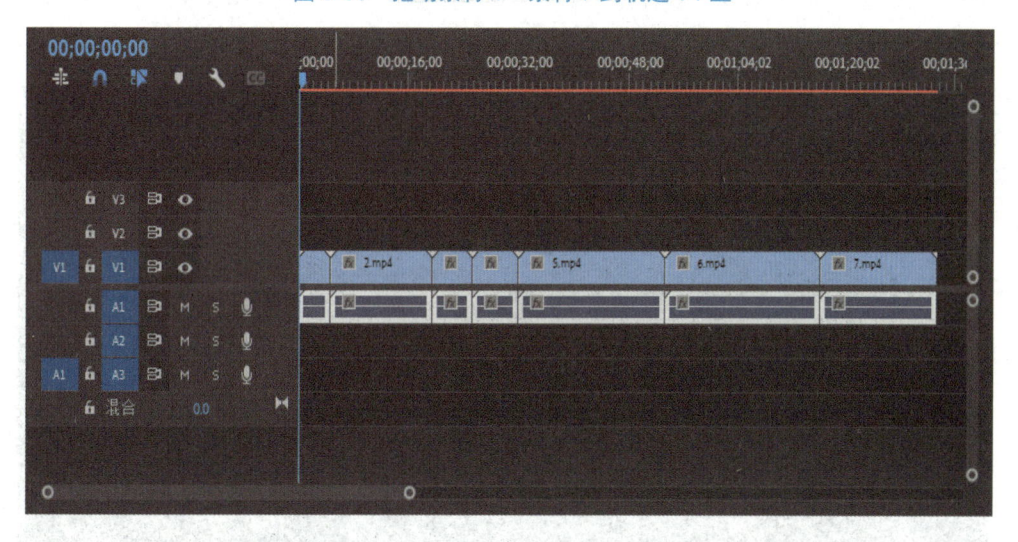

图 5-61　选择轨道 A1 上的全部音频

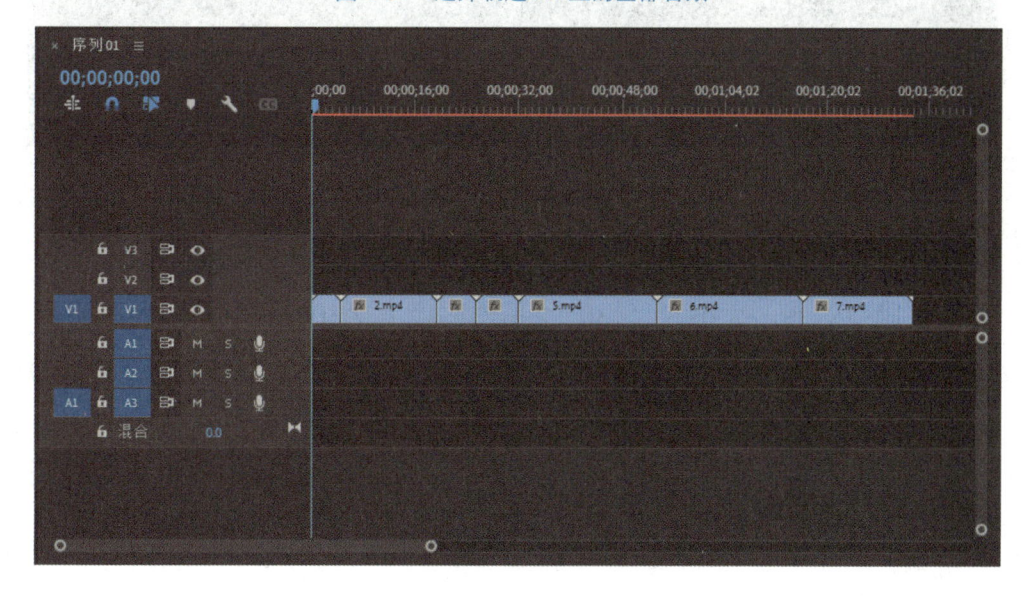

图 5-62　删除音频后的效果

4. 添加字幕

根据剧情类短视频《向阳而生》分镜头脚本可知，本项目中需要加入6处字幕，内容分别为"你想成为怎样的人""你是否迷茫无助""你是否无人关注""突破自己，打破迷茫""追寻目标，做你想做的人""向阳而生，活出精彩的自己"。

（1）在"时间轴"面板中将时间指针定位到第0秒处，单击"文本"工具，如图5-63所示。在"节目"面板的图像界面中的任意位置单击，系统会自动在空白处创建一个图层，输入"你想成为怎样的人"，如图5-64所示。

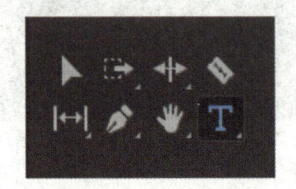

图5-63 单击"文本"工具

图5-64 输入"你想成为怎样的人"

（2）设置字幕的持续时间为3秒。选择输入的文字，打开"基本图形"面板，设置字幕水平、垂直、居中对齐，大小为"130"，不透明度为"100%"，字体为"想做你的繁花似锦"（素材包提供），填充为"#FFFFFF"，如图5-65所示。字幕效果如图5-66所示。

（3）使用"选择"工具在"时间轴"面板中按住Alt键的同时拖动添加的字幕，从原位置直接复制一个新字幕，将其拖动到轨道V2上的素材3和素材4之间，并调整素材3和素材4之间的距离，效果如图5-67所示。将复制的字幕更改为"你是否迷茫无助"，效果如图5-68所示。

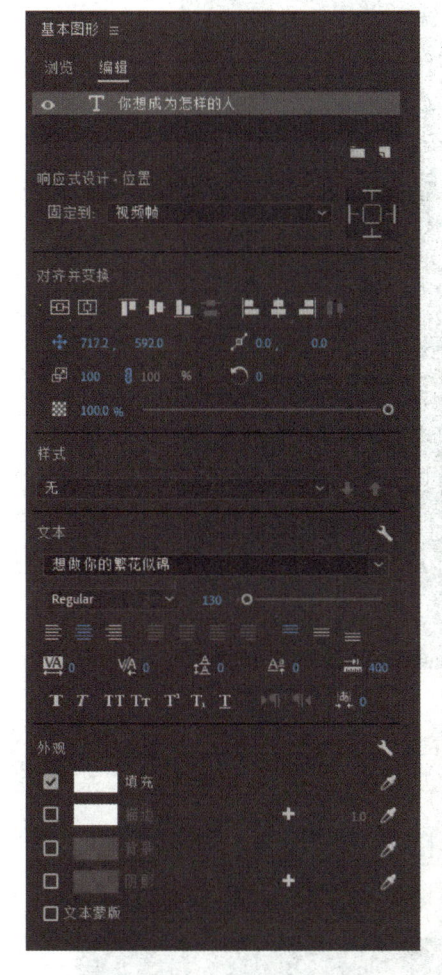

图 5-65　设置字幕参数

图 5-66　字幕效果

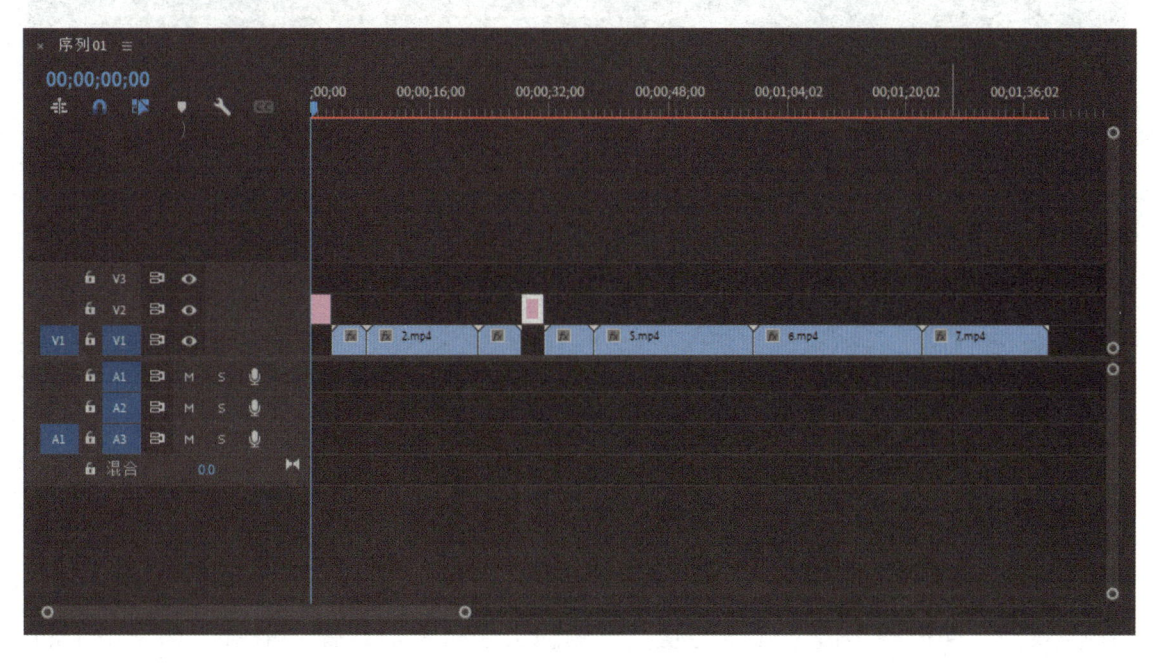

图 5-67　复制字幕并调整位置后的效果 1

图 5-68　更改后的字幕效果

参照上述操作，复制出其他需要添加的字幕，并将其分别插入素材 4 和素材 5、素材 5 和素材 6、素材 6 和素材 7 之间，以及视频结尾，依次更改复制的字幕，效果如图 5-69 所示。

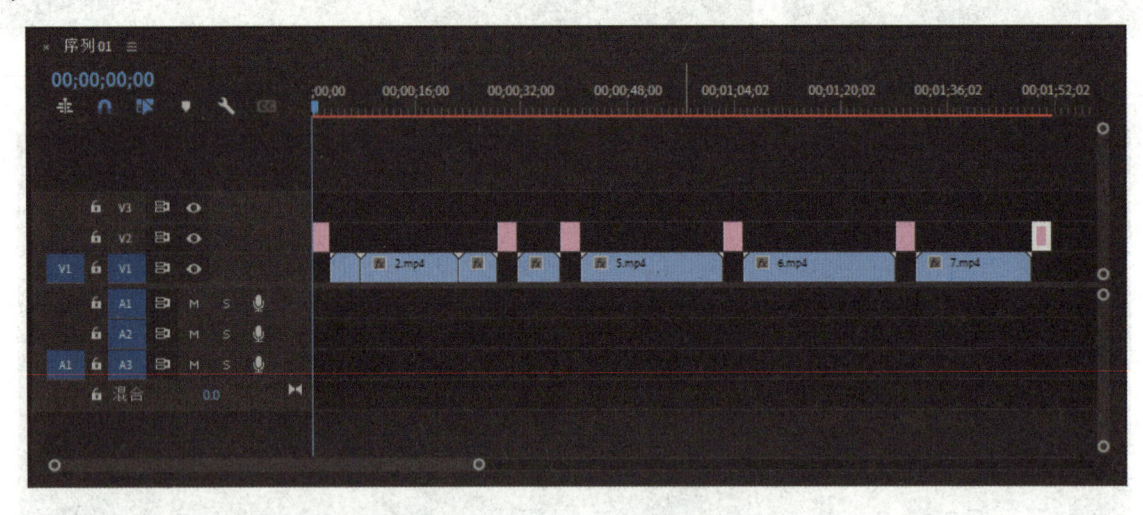

图 5-69　复制字幕并调整位置后的效果 2

5. 添加视频过渡效果

1）为视频添加视频过渡效果

在"效果"面板中单击"视频过渡"左侧的折叠按钮，选择"溶解"选项组中的"交叉溶解"视频过渡效果，如图 5-70 所示。将其拖动到素材 1 的入口点。"交叉溶解"视频过渡效果如图 5-71 所示。

图 5-70 选择"交叉溶解"视频过渡效果

图 5-71 "交叉溶解"视频过渡效果

使用同样的操作在素材 7 的出口点添加"交叉溶解"视频过渡效果。添加"交叉溶解"视频过渡效果后的"时间轴"面板如图 5-72 所示。

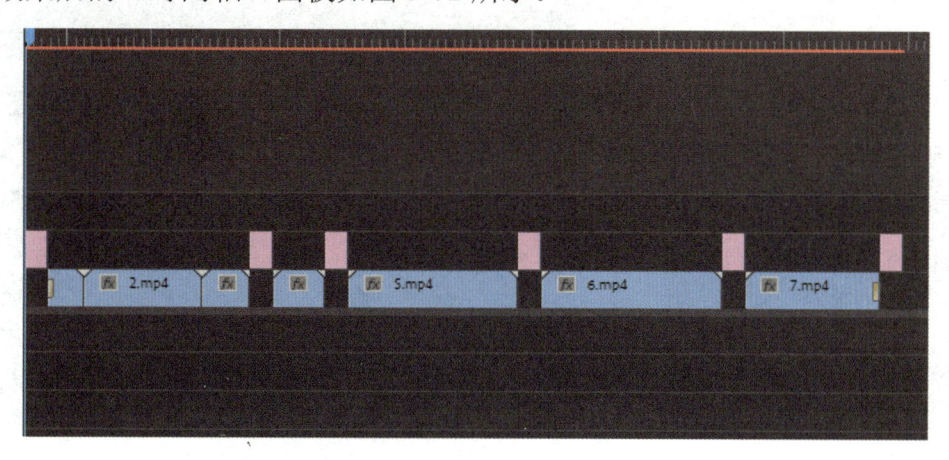

图 5-72 添加"交叉溶解"视频过渡效果后的"时间轴"面板

2）为字幕添加视频过渡效果

在"效果"面板中单击"视频过渡"左侧的折叠按钮，选择"溶解"选项组中的"黑场过渡"视频过渡效果，如图 5-73 所示。将其拖动到"时间轴"面板的第 1 个至第 5 个字幕的入口点和出口点。添加"黑场过渡"视频过渡效果后的"时间轴"面板如图 5-74 所示。

图 5-73　选择"黑场过渡"视频过渡效果

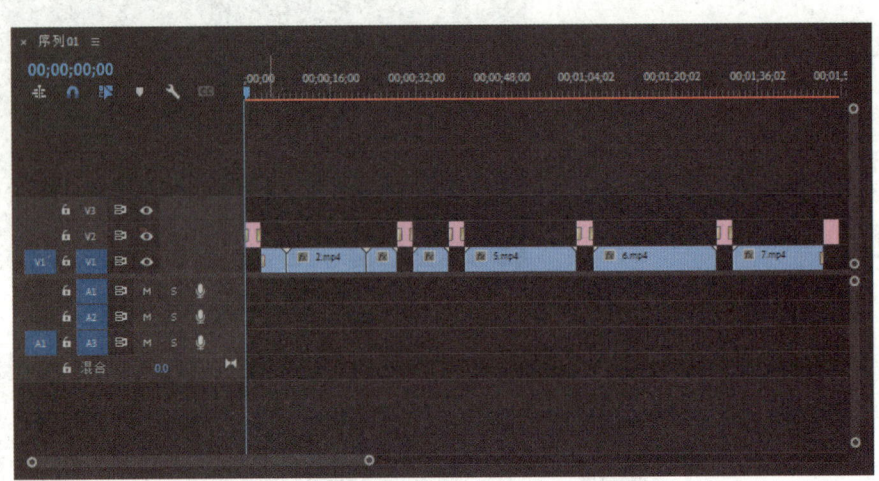

图 5-74　添加"黑场过渡"视频过渡效果后的"时间轴"面板

6. 添加视频效果

（1）在"效果"面板中单击"视频效果"左侧的折叠按钮，选择"风格化"选项组中的"粗糙边缘"视频效果，如图 5-75 所示。将其拖动到轨道 V2 的最后一个字幕上。添加"粗糙边缘"视频效果后的"时间轴"面板如图 5-76 所示。

图 5-75　选择"粗糙边缘"视频效果

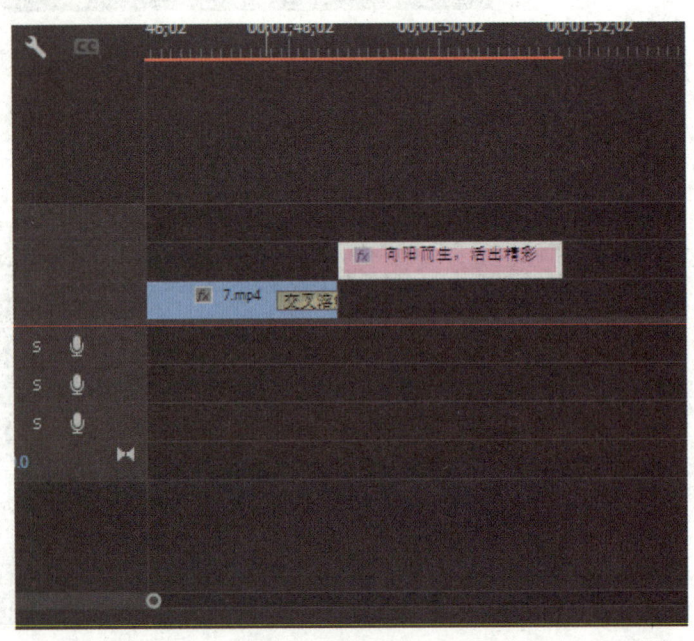

图 5-76　添加"粗糙边缘"视频效果后的"时间轴"面板

（2）将时间指针定位到 00;01;48;21 处，在"粗糙边缘"栏中设置"边框"为"58.00"，单击"边框"选项左侧的"切换动画"按钮，如图 5-77 所示。

（3）将时间指针定位到 00;01;49;10 处，在"粗糙边缘"栏中设置"边框"为"0.00"（见图 5-78），系统自动添加关键帧。此时，结尾字幕呈现的效果如图 5-79 所示。

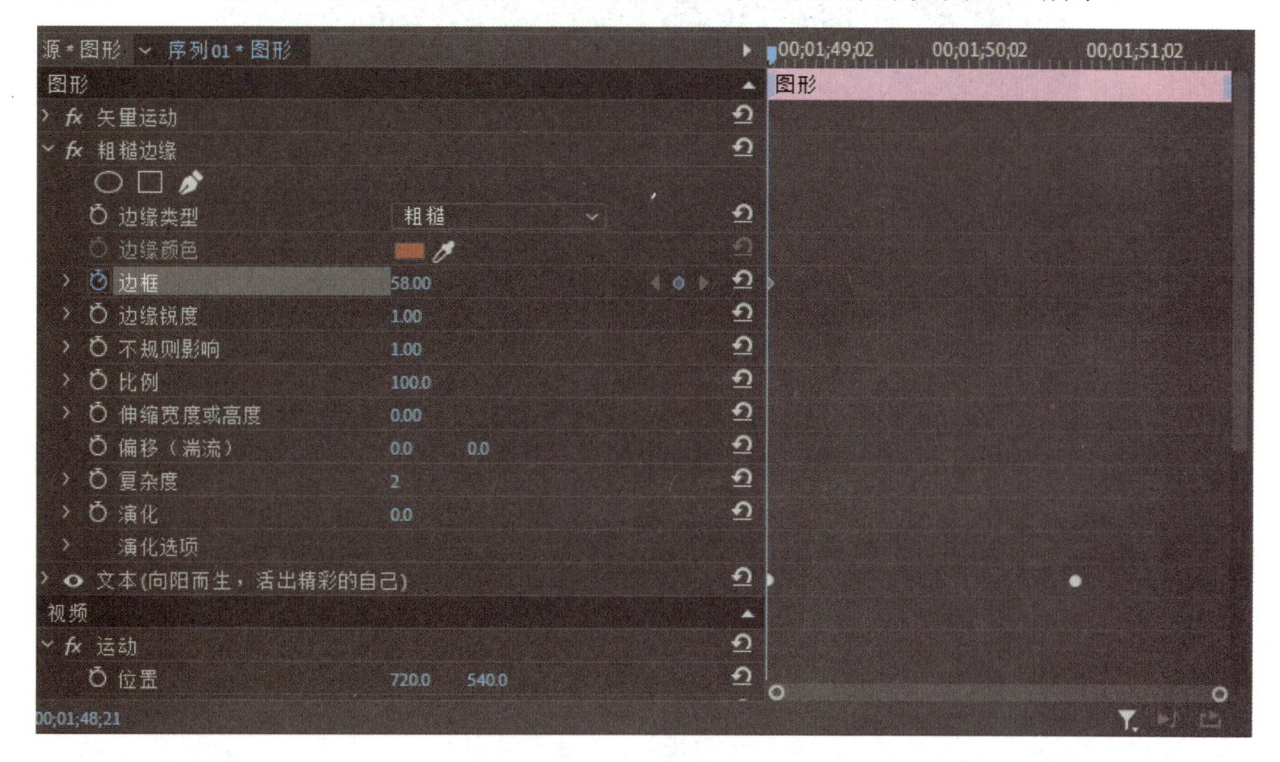

图 5-77 "粗糙边缘"栏

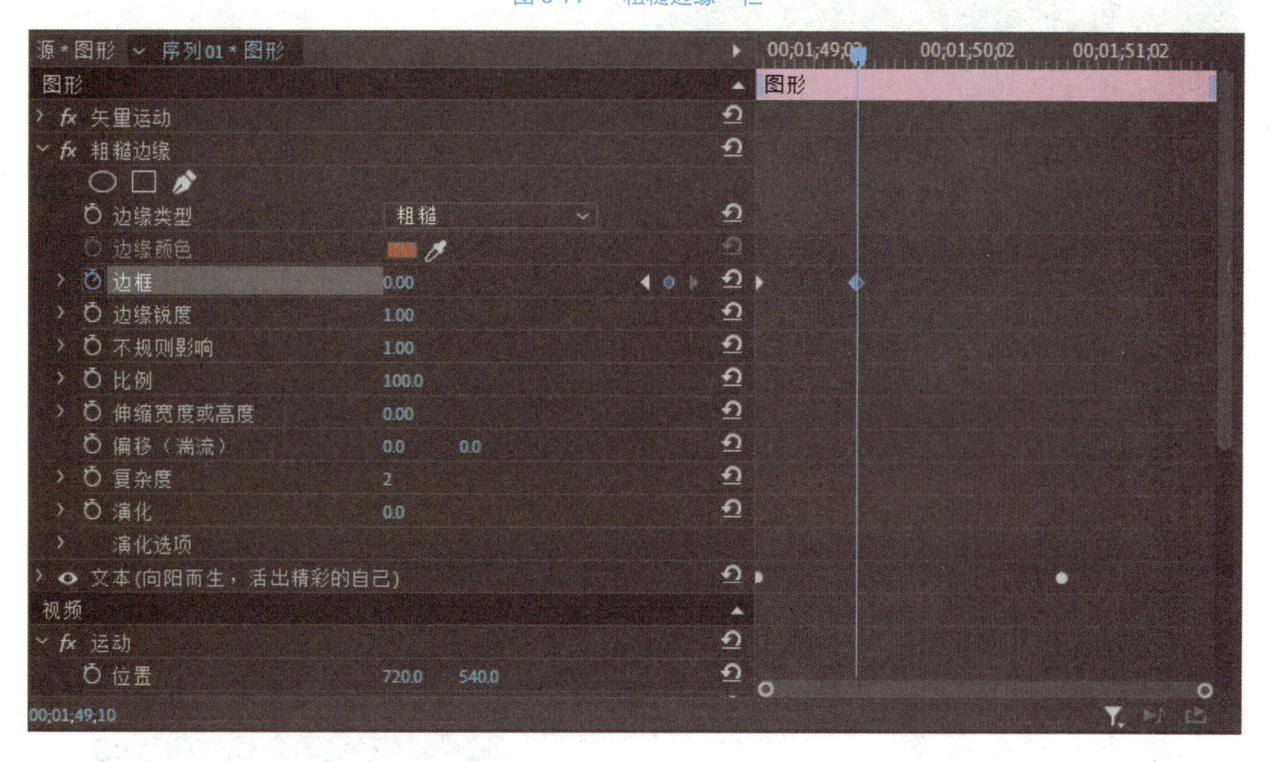

图 5-78 设置"边框"为"0.00"

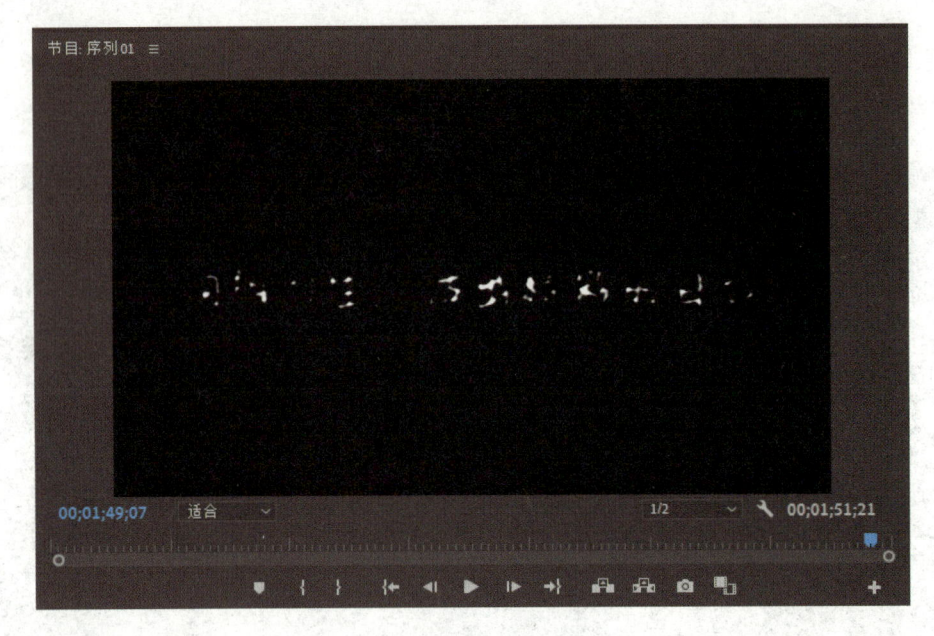

图 5-79 结尾字幕呈现的效果

7. 添加与编辑音频

（1）将素材"音乐 1"拖动到轨道 A1 上，其在"时间轴"面板的入口点为 00;00;00;00。将时间指针定位到 00;00;58;26 处，使用"剃刀"工具将素材"音乐 1"裁开，清除后半部分的音频。

（2）将时间指针定位到 00;00;53;25 处，在"音量"栏中单击"级别"选项右侧的"添加关键帧"按钮，继续将时间指针定位到 00;00;58;17 处，将级别调至最低（见图 5-80），系统自动添加关键帧。素材"音乐 1"添加关键帧后的效果如图 5-81 所示。

图 5-80 将级别调至最低

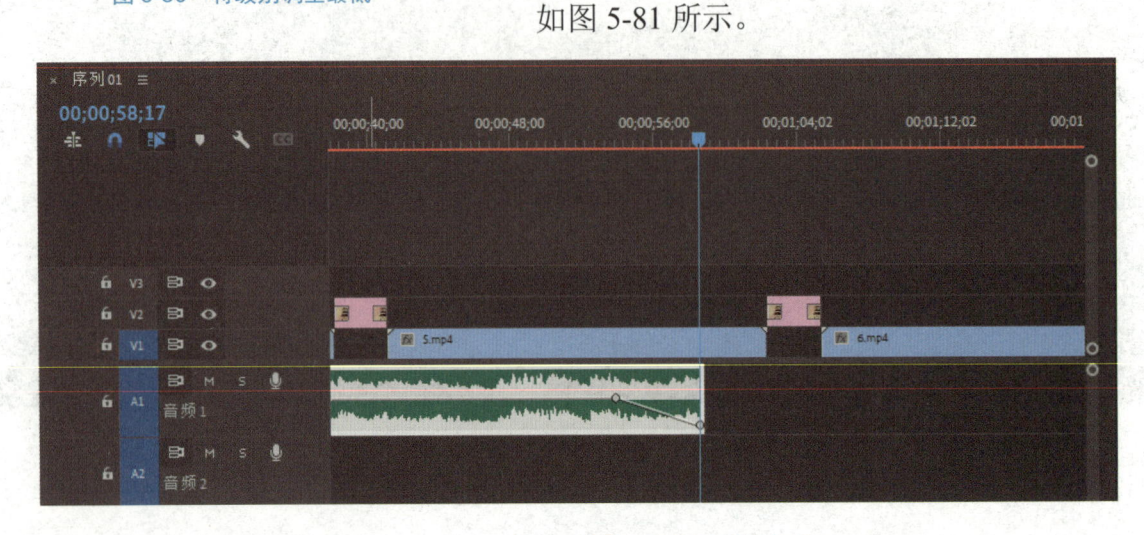

图 5-81 素材"音乐 1"添加关键帧后的效果

(3)将素材"音乐2"拖动到轨道A2上,其在"时间轴"面板的入口点为00;00;55;21。将时间指针定位到00;01;25;22处,使用"剃刀"工具将素材"音乐2"裁开。继续将时间指针定位到00;03;41;04处,使用"剃刀"工具将素材"音乐2"裁开,删除中间部分的音频,效果如图5-82所示。参照步骤(2),为素材"音乐2"的前半部分音频添加淡入淡出效果。

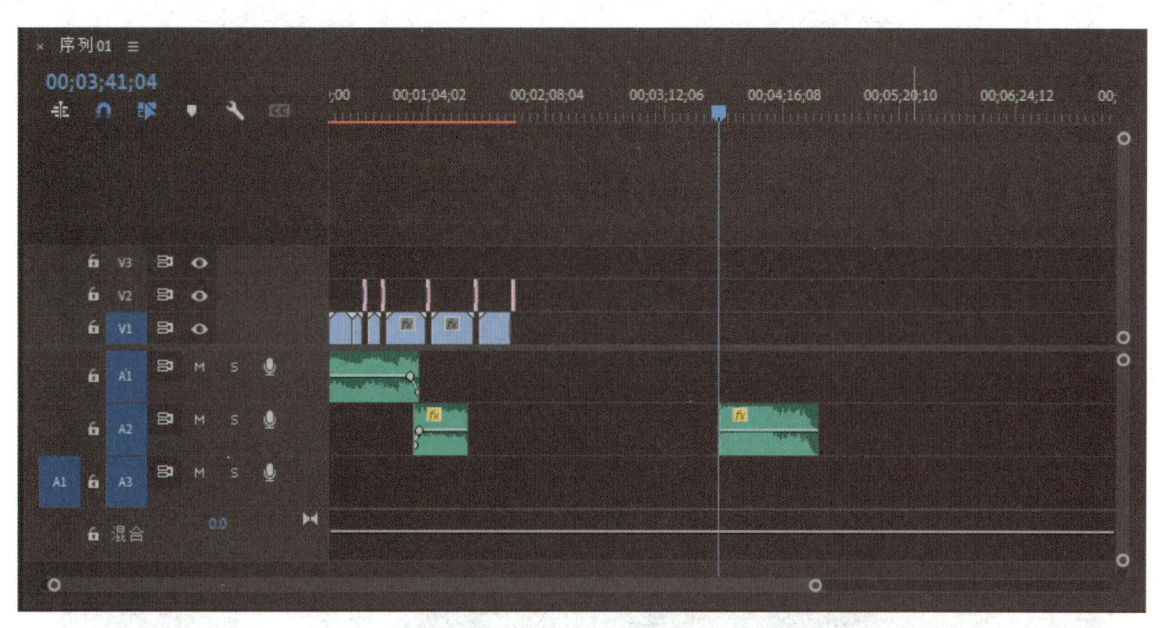

图5-82 删除素材"音乐2"中间部分的音频后的效果

(4)选择素材"音乐2"后半部分的音频,将其拖动到轨道A3的00;01;23;09处,如图5-83所示。将时间指针定位到00;01;55;16处,使用"剃刀"工具,将素材"音乐2"裁开,效果如图5-84所示。使用"选择"工具,选择后半部分的音频,按Delete键将其删除,效果如图5-85所示。

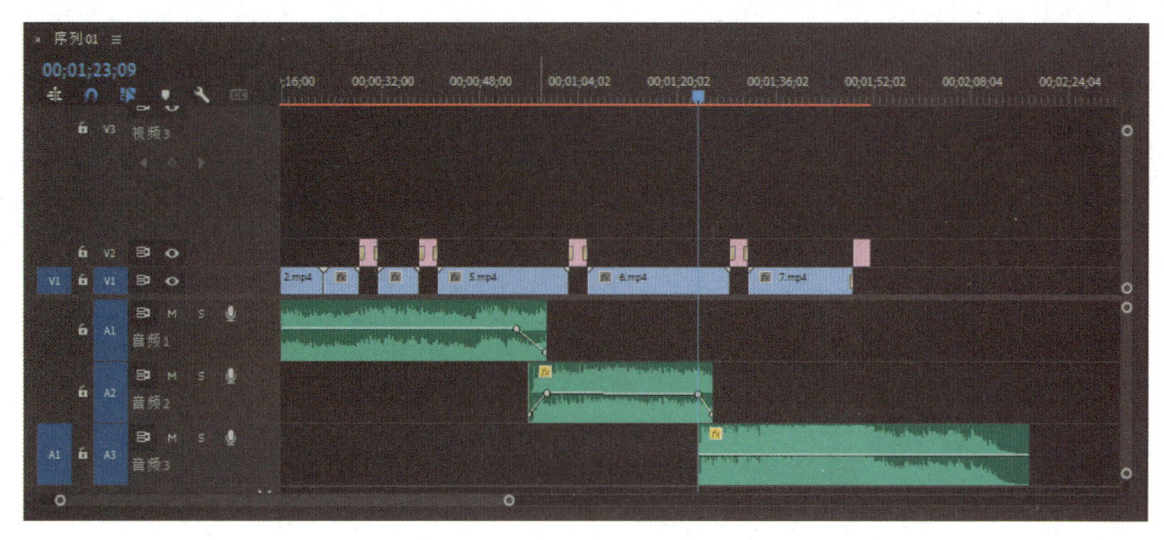

图5-83 调整素材"音乐2"后半部分音频的位置

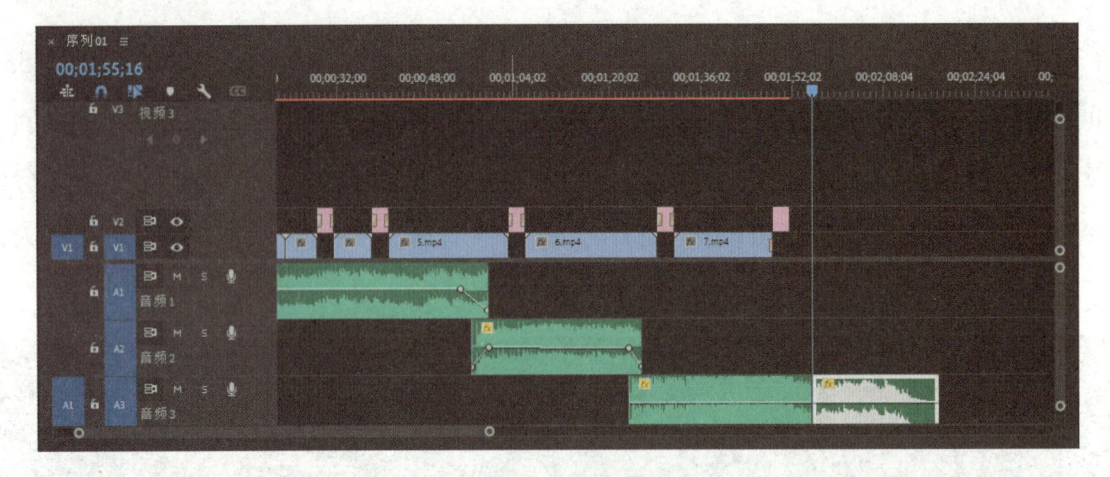

图 5-84 裁开素材"音乐 2"后的效果

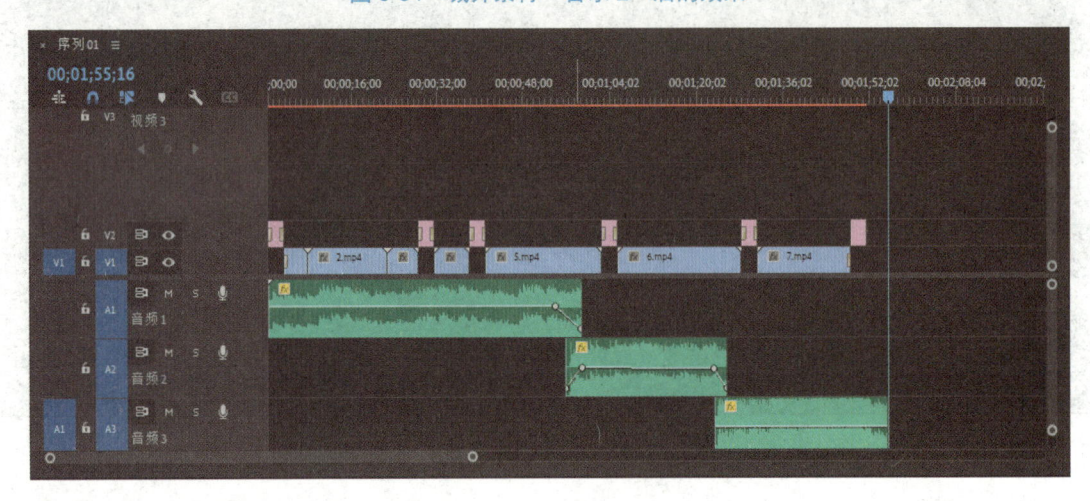

图 5-85 删除素材"音乐 2"后半部分的音频后的效果

（5）单击轨道 A3 上的素材"音乐 2"，将时间指针定位到 00;01;51;05 处，在"音量"栏中单击"级别"选项右侧的"添加关键帧"按钮，继续将时间指针定位到 00;01;55;15 处，将级别调至最低，系统自动添加关键帧。素材"音乐 2"添加关键帧后的效果如图 5-86 所示。

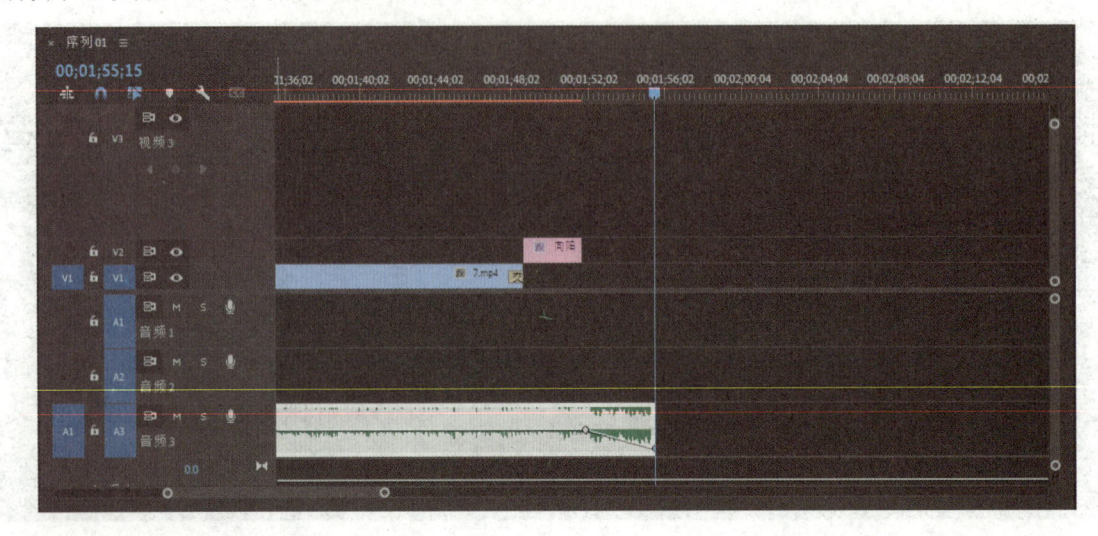

图 5-86 素材"音乐 2"添加关键帧后的效果

（6）音频添加与编辑完成后的"时间轴"面板如图5-87所示。

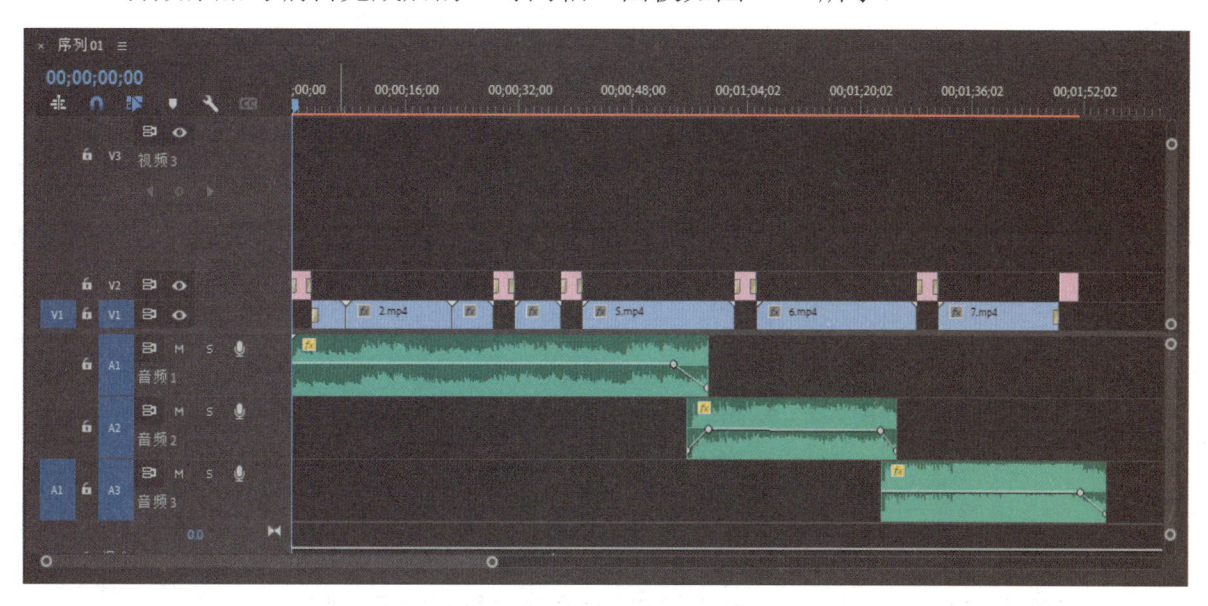

图5-87 音频添加与编辑完成后的"时间轴"面板

8. 导出短视频

选择"文件"→"导出"→"媒体"命令，或按快捷键Ctrl+M，在弹出的"导出"对话框中，设置"格式"为"H.264"、"文件名"为"向阳而生.mp4"，并设置合适的导出位置，单击"导出"按钮，即可导出短视频。"导出"对话框的选项设置如图5-88所示。

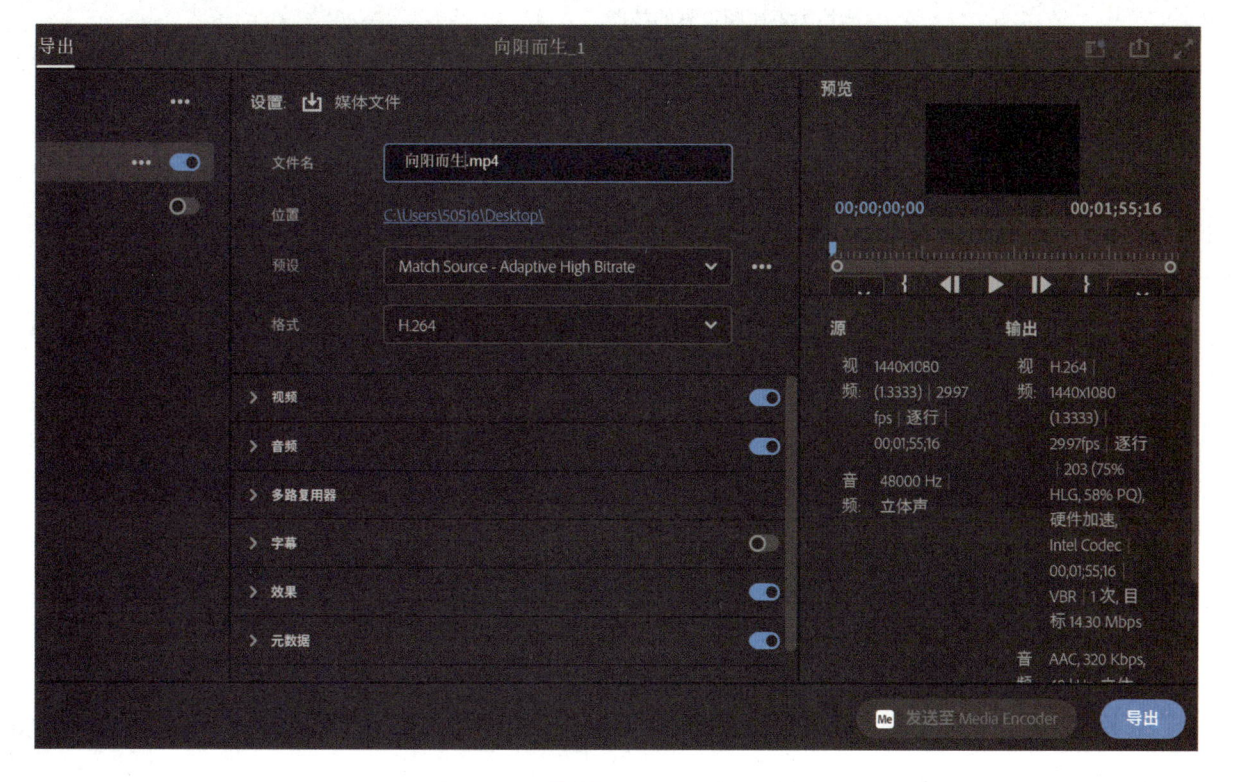

图5-88 "导出"对话框的选项设置

5.4 项目总结

剧情类短视频《向阳而生》展现了当代青年"立大志、明大德、成大才、担大任"的理想信念与责任担当。剧情类短视频《向阳而生》思维导图包含了知识、能力、素质、技能及思政五方面的内容，如图 5-89 所示。

知识
1. 什么是剧情类短视频
2. 如何策划剧情类短视频
3. Premiere Pro 2022视频过渡效果和视频效果的基本内容

能力
1. 自主进行剧情类短视频的策划
2. 使用Premiere Pro 2022为剧情类短视频添加视频过渡效果
3. 使用Premiere Pro 2022进行剧情类短视频的编辑及导出

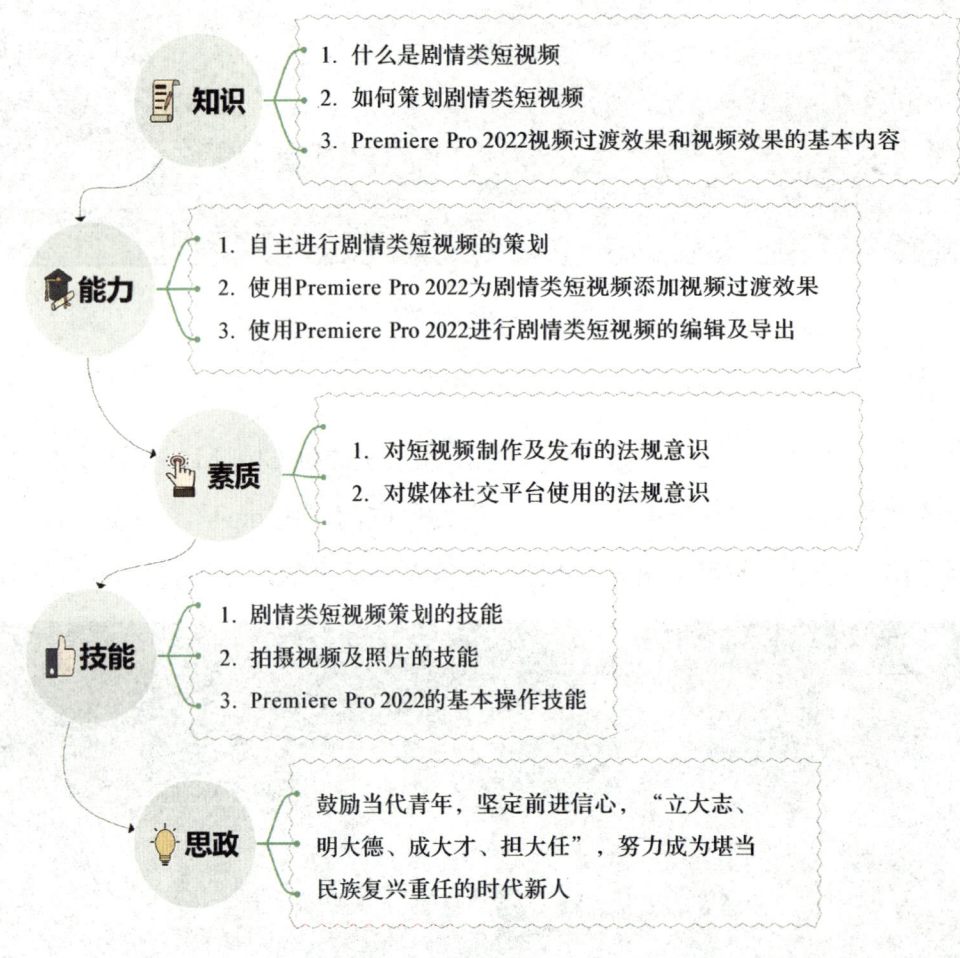

素质
1. 对短视频制作及发布的法规意识
2. 对媒体社交平台使用的法规意识

技能
1. 剧情类短视频策划的技能
2. 拍摄视频及照片的技能
3. Premiere Pro 2022的基本操作技能

思政
鼓励当代青年，坚定前进信心，"立大志、明大德、成大才、担大任"，努力成为堪当民族复兴重任的时代新人

图 5-89 剧情类短视频《向阳而生》思维导图

5.5 项目拓展

实训 1

任务工单： 使用 Premiere Pro 2022 创作一个以情感故事为核心的剧情类短视频。

任务策划： 使用 Premiere Pro 2022，利用自己拍摄或搜集的视频及图片，制作剧情类短视频，要求包含字幕、背景音乐。

操作要点：（1）使用 Premiere Pro 2022 编辑；（2）设计剧情主题；（3）设计剧情的脚本；（4）拍摄或搜集合适的视频及图片；（5）选择合适的背景音乐；（6）添加文字；（7）设计封面；（8）发布作品。

实训 2

任务工单： 使用 Premiere Pro 2022 创作一个以"安全教育"为核心的剧情类短视频。

任务策划： 使用 Premiere Pro 2022，利用自己拍摄或搜集的视频及图片，制作剧情类短视频，要求包含字幕、背景音乐。

操作要点：（1）使用 Premiere Pro 2022 编辑；（2）设计剧情主题；（3）设计剧情的脚本；（4）拍摄或搜集合适的视频及图片；（5）选择合适的背景音乐；（6）添加文字；（7）设计封面；（8）发布作品。

项目 6

音乐会现场快剪短视频《绿毯音乐派对》创作

6.1 项目创意

音乐会现场快剪短视频《绿毯音乐派对》是济南市文化馆举办的"艺术青享计划——绿毯音乐派对"系列活动的首场演出中,"风组合"乐队小型户外音乐会现场的快剪短视频。该活动以"绽放青春和力量,艺享城市生活"为主题,面向青年群体创新服务内容和服务形式,为户外演出阵地营造时尚感、氛围感,助力提升城市文化软实力,提高城市吸引力和亲和力。该短视频通过精心剪辑和配乐,呈现音乐派对现场的欢声笑语、人流如织,展示多元化与创意化的青春、时尚、活力、美好的全民艺术和城市公共文化。音乐会现场快剪短视频《绿毯音乐派对》部分效果截图如图6-1所示。

图6-1 音乐会现场快剪短视频《绿毯音乐派对》部分效果截图

1. 主题选取

选取城市音乐派对作为主题,这是一个流行的城市活动,有着广泛的社交和文化影响力,能吸引广大青年的兴趣。

2. 影像剪辑

运用快剪手法,将音乐会现场的精彩瞬间进行有节奏感的串联,突出音乐、人群热情、舞台效果等元素,使人如身临其境。

3. 背景音乐选择

选择流行、欢快的音乐作为背景音乐,配合影像剪辑的节奏进行切换,增加整个视频的动感和激情,使人更加投入和享受音乐会的氛围。

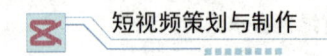

4. 形式展示

通过剪辑不同的舞台表演形式，如乐队演出、DJ 现场、舞蹈表演等，展示音乐会的多样性和创新性，突出现场参与者的才艺和热情。

5. 信息传递

通过添加文字，介绍音乐会的意义和目标，强调音乐艺术的意义，激发人们对艺术的兴趣，培养人们的团队合作精神和创新意识。

音乐会现场快剪短视频《绿毯音乐派对》通过以上创意呈现，吸引人们的目光和兴趣；通过艺术欣赏和团队合作示范，培养人们的欣赏素养和创新思维。同时，通过音乐会这一文化载体，培养人们喜爱艺术、热爱生活的积极向上的心态，助力提升人们的文化自信。

6.2 技术要点

音乐会现场快剪短视频《绿毯音乐派对》使用 Premiere Pro 2022 进行剪辑，并设计简单的特效，主要包括剪辑短视频、添加视频过渡效果、制作动态字幕、添加背景音乐等。在进行短视频剪辑中，应重点注意如何通过截取合适的镜头，实现前后画面连贯、过渡流畅自然、情节不拖泥带水。

6.3 项目实施

1. 剪辑短视频

音乐会现场快剪短视频《绿毯音乐派对》的素材来自绿毯音乐会的现场录制视频素材 whg02.mp4 和 DJI_0093.mp4，应用 Premiere Pro 2022 进行剪辑。

（1）新建项目。打开 Premiere Pro 2022，新建项目，并将其保存为"绿毯音乐派对.prproj"。

（2）导入素材。右击"项目"面板中的空白位置右击，在弹出的快捷菜单中选择"导入"命令，打开"导入"对话框，选择视频素材 whg02.mp4，单击"导入"按钮，导入素材，如图 6-2 所示。按照上述操作方法，再次导入视频素材 DJI_0093.mp4。

（3）剪辑镜头 1 素材。将视频素材 whg02.mp4 拖动到"时间轴"面板的轨道 V1 中，在第 37 秒～44 秒范围内，截取约 2 秒的片段。注意，此时不要对任何素材片段进行删除操作。

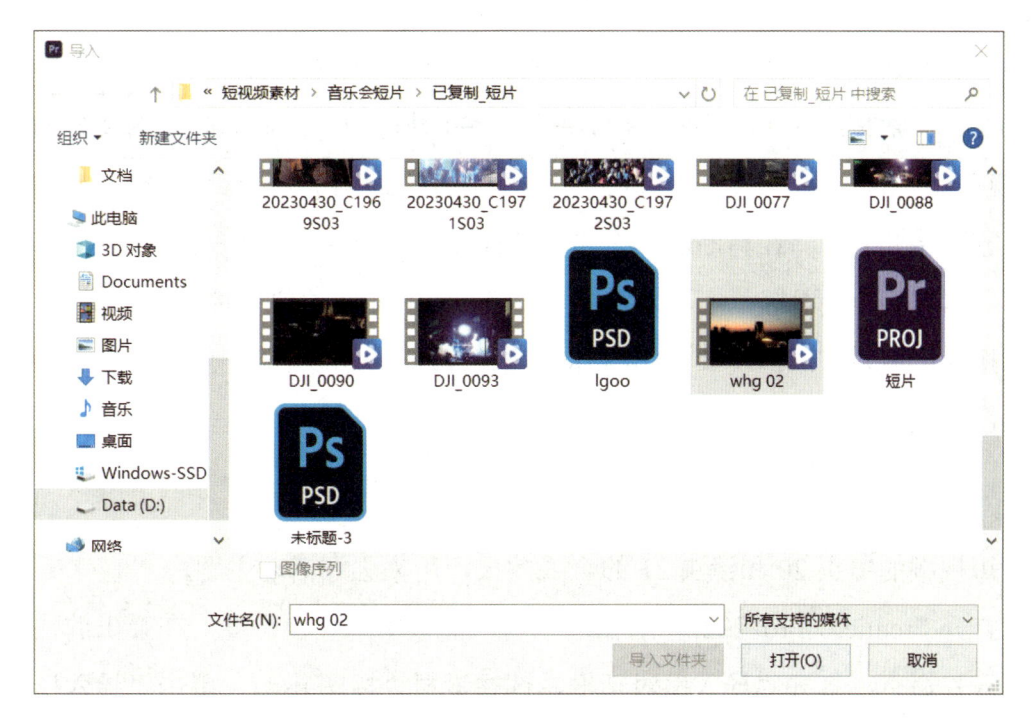

图 6-2　导入素材

（4）剪辑镜头 2~镜头 20 素材。按照步骤（3）的操作方法，继续在视频素材 whg 02.mp4 中截取镜头 2~镜头 20 素材的片段。

① 镜头 2 素材，在第 57 秒~1 分 7 秒范围内，截取时长约 6 秒的片段。

② 镜头 3 素材，在第 1 分 32 秒~37 秒范围内，截取时长约 5 秒的片段。

③ 镜头 4 素材，在第 7 分 13 秒~20 秒范围内，截取时长约 2 秒的片段。

④ 镜头 5 素材，在第 10 分 7 秒~19 秒范围内，截取时长约 4 秒的片段。

⑤ 镜头 6 素材，在第 13 分 58 秒~14 分 2 秒范围内，截取时长约 2 秒的片段。

⑥ 镜头 7 素材，在第 16 分 14 秒~16 秒范围内，截取时长约 2 秒的片段。

⑦ 镜头 8 素材，在第 19 分 36 秒~45 秒范围内，截取时长约 2 秒的片段。

⑧ 镜头 9 素材，在第 23 分 13 秒~26 秒范围内，截取时长约 2 秒的片段。

⑨ 镜头 10 素材，在第 27 分 32 秒~39 秒范围内，截取时长约 2 秒的片段。

⑩ 镜头 11 素材，在第 28 分 46 秒~51 秒范围内，截取时长约 3 秒的片段。

⑪ 镜头 12 素材，在第 36 分 25 秒~32 秒范围内，截取时长约 2 秒的片段。

⑫ 镜头 13 素材，在第 1 小时 3 分 4 秒~9 秒范围内，截取时长约 2 秒的片段。

⑬ 镜头 14 素材，在第 1 小时 5 分 6 秒~14 秒范围内，截取时长约 3 秒的片段。

⑭ 镜头 15 素材，在第 1 小时 31 分 35 秒~40 秒范围内，截取时长约 4 秒的片段。

⑮ 镜头 16 素材，在第 1 小时 39 分 20 秒~30 秒范围内，截取时长约 2 秒的片段。

⑯ 镜头 17 素材，在第 1 小时 42 分 42 秒~45 秒范围内，截取时长约 2 秒的片段。

⑰ 镜头 18 素材，在第 1 小时 43 分 37 秒～40 秒范围内，截取时长约 2 秒的片段。

⑱ 镜头 19 素材，在第 1 小时 44 分 40 秒～44 秒范围内，截取时长约 2 秒的片段。

⑲ 镜头 20 素材，在第 1 小时 45 分 44 秒～48 秒范围内，截取时长约 4 秒的片段。

（5）删除无关素材。在剪断的多个素材片段中，选择并删除不采用的所有片段。

（6）剪辑镜头 21 素材。将视频素材 DJI_0093.mp4 拖动到"时间轴"面板的轨道 V1 中，使其排在已剪辑完成的镜头 20 素材的右侧，截取约 5 秒的片段。删除不采用的片段。

至此，短视频素材全部剪辑完成。

2．制作动态字幕

这是短视频的镜头 20 和镜头 21 的合成效果，用来强调活动主题。

（1）打开 Premiere Pro 2022，右击"项目"面板中的空白位置，在弹出的快捷菜单中选择"导入"命令，打开"导入"对话框，选择素材"标题.psd"，单击"导入"按钮，弹出"导入分层文件：标题"对话框，单击"导入为"下拉按钮，选择"各个图层"选项，并在图层列表中勾选"图层 1"复选框，单击"确定"按钮，导入图层 1 素材，如图 6-3 所示。

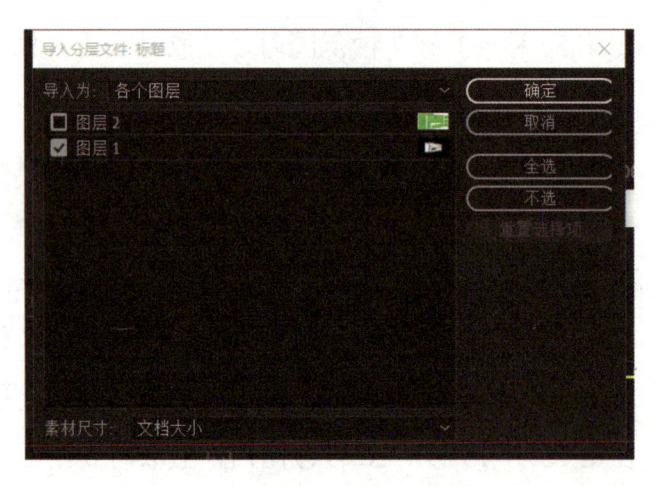

图 6-3　导入图层 1 素材

（2）从"项目"面板中拖动素材"标题.psd"到"时间轴"面板的轨道 V2 中，设置时长为第一帧与镜头 20 素材的第 10 帧左对齐，最后一帧与轨道 V1 的素材右对齐。此时，在"节目"面板中可预览透明字幕效果，如图 6-4 所示。

（3）选择轨道 V2 中的素材"标题.psd"，将时间指针定位到素材最后一帧的位置。打开"效果控件"面板，在"运动"栏中单击"缩放"选项左侧的"切换动画"按钮，设置"缩放"为"100.0"。将时间指针定位到素材第一帧的位置，在此处添加一个关键帧，并设置"缩放"为"300.0"。这样，就完成了一段透明字幕由大到小动画效果的设置。

图 6-4 预览透明字幕效果

（4）按照步骤（1）的操作方法，再次导入素材"标题.psd"，在"导入分层文件：标题"对话框中单击"导入为"下拉按钮，选择"各个图层"选项，分别勾选"图层 1"复选框和"图层 2"复选框，单击"确定"按钮，分别导入各图层素材。这样，在"项目"面板的素材箱中就添加了一个"标题.psd"文件夹，展开该文件夹，选择"图层 2/标题.psd"选项，并将其拖动到"时间轴"面板的轨道 V3 中，设置时长为第一帧与镜头 20 素材的第 2 秒左对齐，最后一帧与镜头 20 素材右对齐。此时，在"节目"面板中可预览绿色半透明字幕效果，如图 6-5 所示。

图 6-5 预览绿色半透明字幕效果

3. 添加视频过渡效果

（1）为了使视频过渡效果看上去更自然，首先应为轨道 V2 中的素材"标题.psd"添加"交叉溶解"视频过渡效果，设置时长为 1 秒；其次应为轨道 V3 中的素材"图层 2/标题.psd"添加"交叉溶解"视频过渡效果，设置时长为 1 秒。

（2）在镜头 20 和镜头 21 之间添加"白场过渡"视频过渡效果，设置时长为 2 秒。添加"白场过渡"视频过渡效果后的"时间轴"面板如图 6-6 所示。

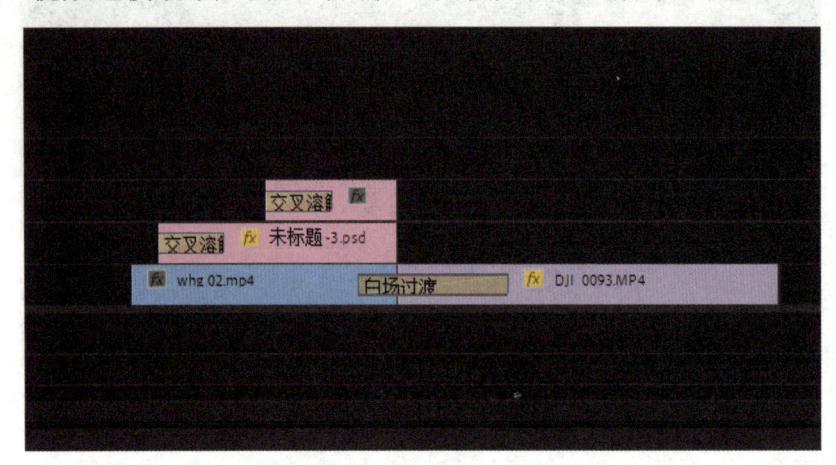

图 6-6　添加"白场过渡"视频过渡效果后的"时间轴"面板

4．制作片尾字幕

片尾字幕是短视频的最后一个镜头，使用 Premiere Pro 2022 制作完成。选择"图形"→"新建图层"→"文本"命令，或直接按快捷键 Ctrl+T，在弹出的文本框中直接输入字幕。选择输入的字幕，打开"效果控件"面板，设置片尾字幕的选项，如图 6-7 所示。设置完成的片尾字幕效果如图 6-8 所示。

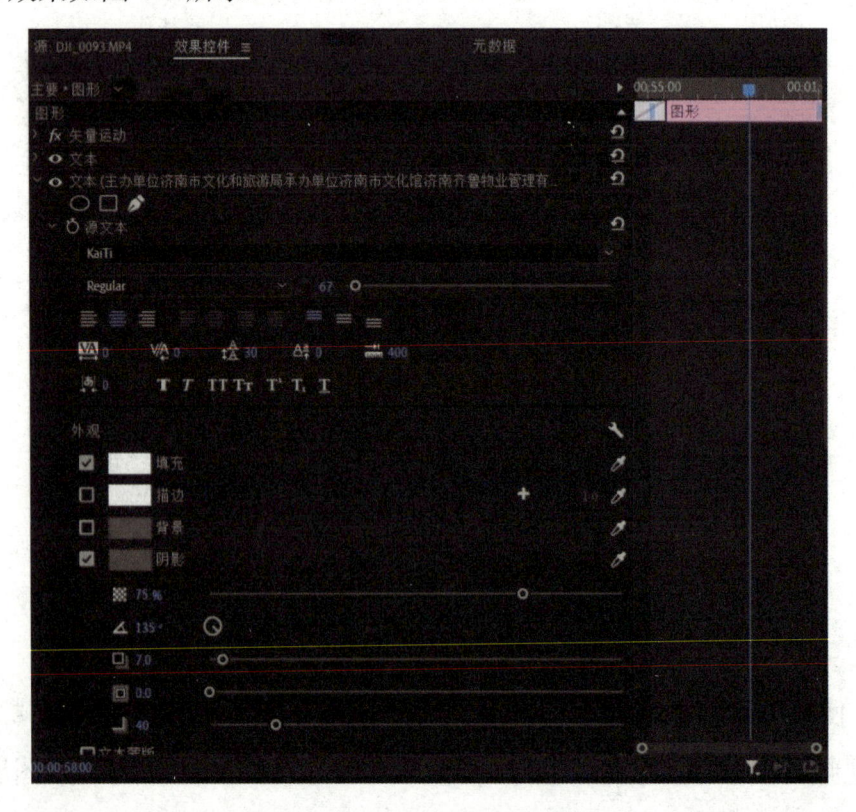

图 6-7　设置片尾字幕的选项

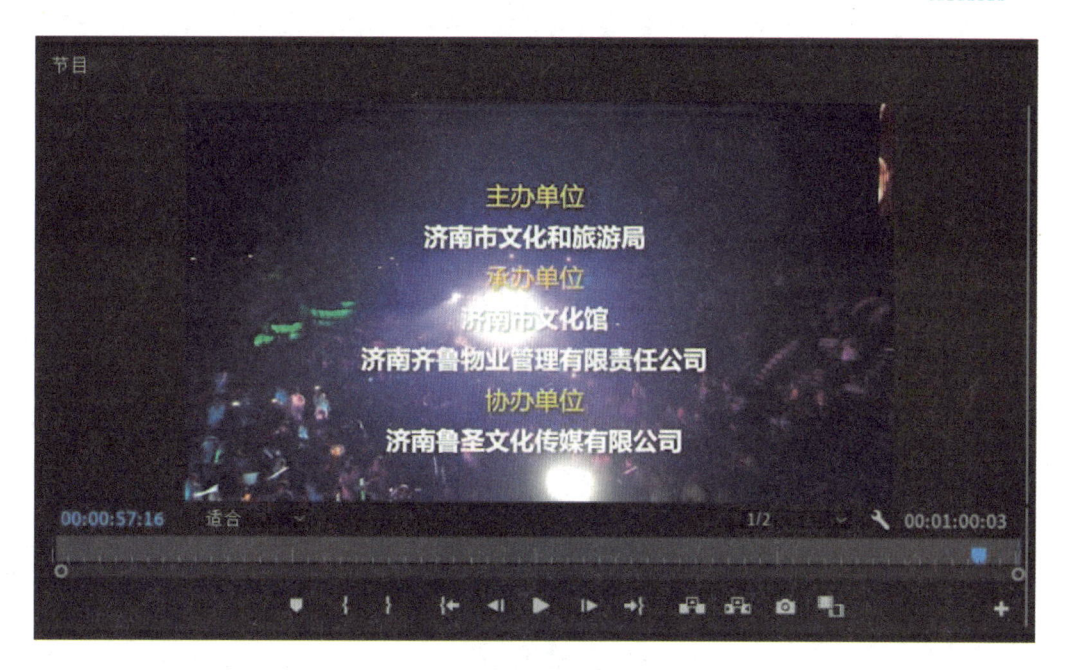

图 6-8 设置完成的片尾字幕效果

5. 添加背景音乐

下面使用 Premiere Pro 2022 为短视频添加背景音乐。导入素材"音乐会配乐.mp3",拖动素材到音频轨道上,在第 8 秒 13 帧和第 28 秒 5 帧处,分别对素材进行剪辑和删除,并设置素材的总播放时长为 56 秒 05 帧。设置完成的音频轨道如图 6-9 所示。

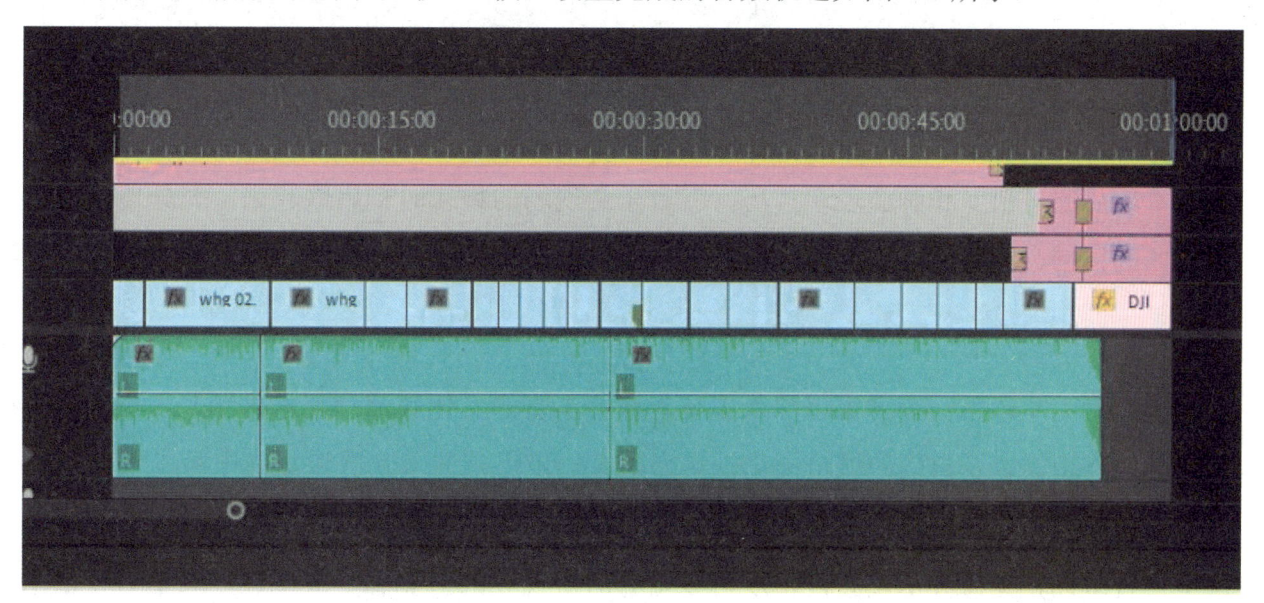

图 6-9 设置完成的音频轨道

6. 导出短视频

短视频制作完成后,可预览效果,并再次修改。修改完成后,直接导出即可。

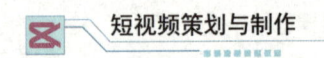

6.4 项目总结

音乐会现场快剪短视频《绿毯音乐派对》以广大青年喜闻乐见的小型户外音乐会为主题，以演出现场视频为素材，使用 Premiere Pro 2022 剪辑短视频，添加了视频过渡效果并制作了动态字幕。音乐会现场快剪短视频《绿毯音乐派对》简洁精练、节奏紧凑、自然流畅，充分体现了广大青年青春、时尚、创意的特色，也展示了积极融合多元的城市文化。

1. 快剪

快剪是一种高效且实用的视频编辑技术，特别是对现场实录等长视频来说。本项目基于时长的要求，通过"掐头去尾"处理，保持内容的连贯性和精简性；通过"加速"处理，实现压缩时长；内容剪辑按照每个场景或乐队的一首歌只剪一个镜头，每个镜头不多于 3 秒处理的原则，尽量保证丰富性和完整性。

2. 短视频剪辑节奏感的把握

因为素材量大，且不能使用原声效果，只能使用简单的背景音乐，所以在剪辑时，要通过对音频和视觉元素的精确切割和调整，体现作品的节奏感，提升作品的流畅度和韵律感。

3. 故事和情绪的表达技巧

本项目通过快剪和画面表现技巧，将音乐会现场的精彩时刻串联起来，充分传达音乐会现场的氛围、情感，准确传递广大青年的青春、时尚、创意的特色。

4. 文化传播和艺术欣赏素养

通过学习本项目，读者可以深入了解音乐会丰富的文化底蕴和艺术内涵、积极的公共文化阵地作用，以及自信的城市文化软实力，进一步提升艺术欣赏和文化传播能力。

通过学习音乐会现场快剪短视频《绿毯音乐派对》的创作，读者不仅可以提升自身对快剪短视频的创意感和剪辑技能，还可以培养对短视频的节奏感、故事性、表达力、艺术感和文化性的把握能力，这对读者的职业技能和未来学习都有着积极的影响。

音乐会现场快剪短视频《绿毯音乐派对》思维导图包含了知识、能力、素质、技能及思政五方面的内容，如图 6-10 所示。

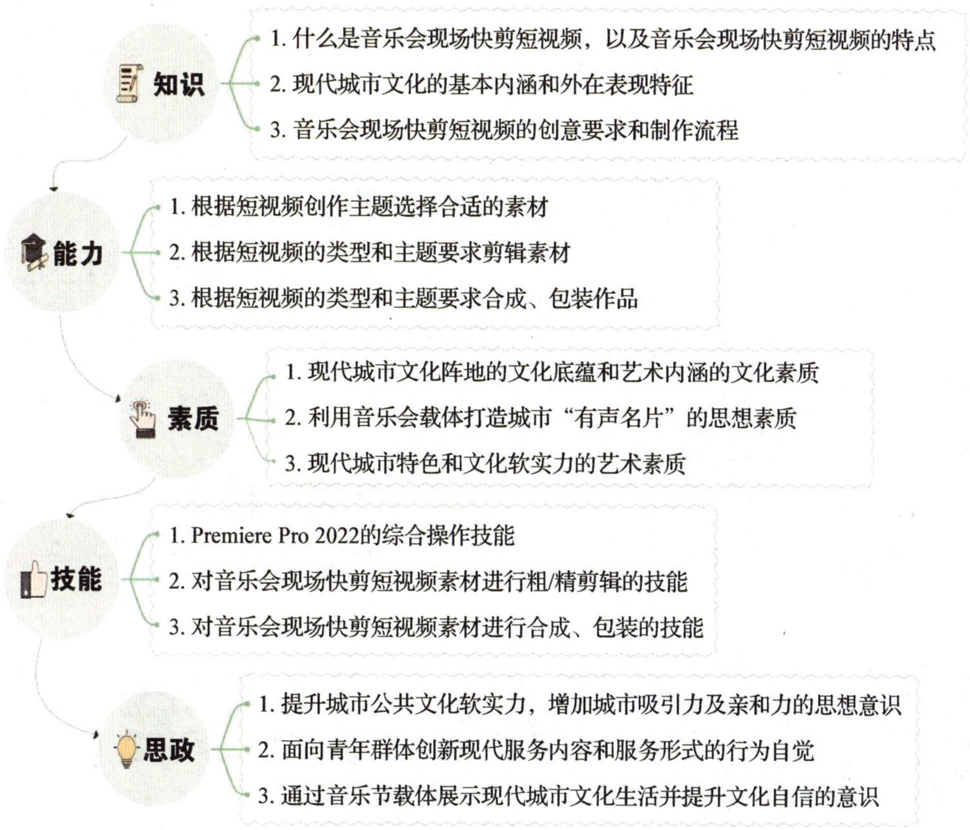

知识
1. 什么是音乐会现场快剪短视频，以及音乐会现场快剪短视频的特点
2. 现代城市文化的基本内涵和外在表现特征
3. 音乐会现场快剪短视频的创意要求和制作流程

能力
1. 根据短视频创作主题选择合适的素材
2. 根据短视频的类型和主题要求剪辑素材
3. 根据短视频的类型和主题要求合成、包装作品

素质
1. 现代城市文化阵地的文化底蕴和艺术内涵的文化素质
2. 利用音乐会载体打造城市"有声名片"的思想素质
3. 现代城市特色和文化软实力的艺术素质

技能
1. Premiere Pro 2022的综合操作技能
2. 对音乐会现场快剪短视频素材进行粗/精剪辑的技能
3. 对音乐会现场快剪短视频素材进行合成、包装的技能

思政
1. 提升城市公共文化软实力，增加城市吸引力及亲和力的思想意识
2. 面向青年群体创新现代服务内容和服务形式的行为自觉
3. 通过音乐节载体展示现代城市文化生活并提升文化自信的意识

图 6-10　音乐会现场快剪短视频《绿毯音乐派对》思维导图

项目 7

MV《英雄,中国航天人》创作

7.1 项目创意

MV（Music Video）又名"音画""音乐视频""音乐影片"等，是指与音乐（大部分是歌曲）搭配的短片。

CCTV（China Central Television，中国中央电视台）播出的"感动中国 2021 年度人物"颁奖盛典的特别致敬环节聚焦了一个特殊的群体——中国航天人，即为了中国航天事业奋斗的人。"发射、入轨、着陆，九天探梦一气呵成。追赶、并跑、领跑，五十年差距一载跨越。寰宇问天，探月逐梦。五星红旗一次次闪耀太空，中国航天必将行稳致远。"从 2005 年 11 月 26 日至 2023 年 9 月 7 日，我国先后共有 14 位航天员被授予"英雄航天员"荣誉称号。

MV《英雄，中国航天人》是致敬中国航天人的代表作品。通过音乐和影像的融合，记录了从 1970 年中国发射第一颗人造地球卫星"东方红一号"开始，中国航天人勇攀高峰、自立自强，用一个个坚实的脚印，把梦想化作现实的英雄事迹，展现了中国航天人的无私奉献精神和崇高的国家荣誉感。MV《英雄，中国航天人》部分效果截图如图 7-1 所示。

图 7-1　MV《英雄，中国航天人》部分效果截图

1. 主题选取

选择中国航天这一具有重大意义和广泛认同的领域，向中国航天人致敬，向英雄致敬，展现出强烈的民族自豪感和强大的凝聚力，培养读者深厚的爱国主义情怀。

2. 剧情策划

根据中国航天人的真实事迹和感人故事策划剧情，通过串联不同阶段的航天事业任务

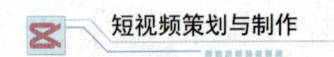

和伟大成就，展示几代航天人的无私奉献和英雄气概，歌词可作为项目的创作蓝本。

3. 背景音乐选择

选择慷慨激昂的旋律，富有激情和感染力的背景音乐，表现出强烈的震撼力和感染力，极大地激发读者的情感共鸣。

4. 影像处理

运用先进的影像和特效，以精美的镜头和动画效果，充分展现中国航天人在太空中的壮美景象和英雄形象。

5. 信息传递

通过影像、文字和音乐的融合，歌颂中国航天事业的伟大成就和行稳致远，赞美中国航天人寰宇问天、探月逐梦的英雄气概，激发读者的爱国激情和民族自豪感。

7.2 技术要点

MV 利用影像补充音乐无法涵盖的内容。因此，要从音乐的角度创作画面，而不是从画面的角度理解音乐。制作 MV 的重点是"音画合一"，具体包含 3 层含义。一是画面内容与歌词含义的一致性，这需要用到海量素材，从海量素材中进行筛选、剪辑和组合，使画面与歌词相呼应；二是画面与音乐节奏的一致性，快歌的剪辑节奏要快，慢歌的剪辑节奏要慢；三是两句歌词之间，或在歌词与前奏、间奏、尾奏之间，或在节奏变换点等各种位置上，画面要变换内容和节奏，以响应音乐。

MV《英雄，中国航天人》结合使用 Premiere Pro 2022 和 Adobe After Effects 2022 进行后期制作，其中，使用 Adobe After Effects 2022 制作粒子特效、光效特效和文字特效等，使用 Premiere Pro 2022 制作字幕效果，并对音频和视频进行合成。

7.3 项目实施

1. 制作音频

要制作出优质的 MV，首先应该把音频制作好。

（1）新建项目。打开 Premiere Pro 2022，新建项目并将其保存为"英雄，中国航天人.prproj"。

（2）导入素材。右击"项目"面板中的空白位置，在弹出的快捷菜单中选择"导入"命令，打开"导入"对话框，选择"拓展项目二/素材"文件夹中的所有音/视频素材，如"东方红一号.mp4""2021 中国航天员宣传片.mp4""英雄，中国航天人.wav"等并将其导入。

（3）制作音频。第一段音频取自镜头 1 的视频素材"东方红一号.mp4"，视频剪辑完成后，将音/视频取消链接，并在第 0 秒处添加"效果"面板中的"音频过渡"→"交叉淡化"→"恒定功率"视频过渡效果，设置时长为 5 秒。拖动音频素材"英雄，中国航天人 张秦.wav"，使其平铺在音频轨道上，设置时间入口点为第 9 帧。音频的制作效果如图 7-2 所示。

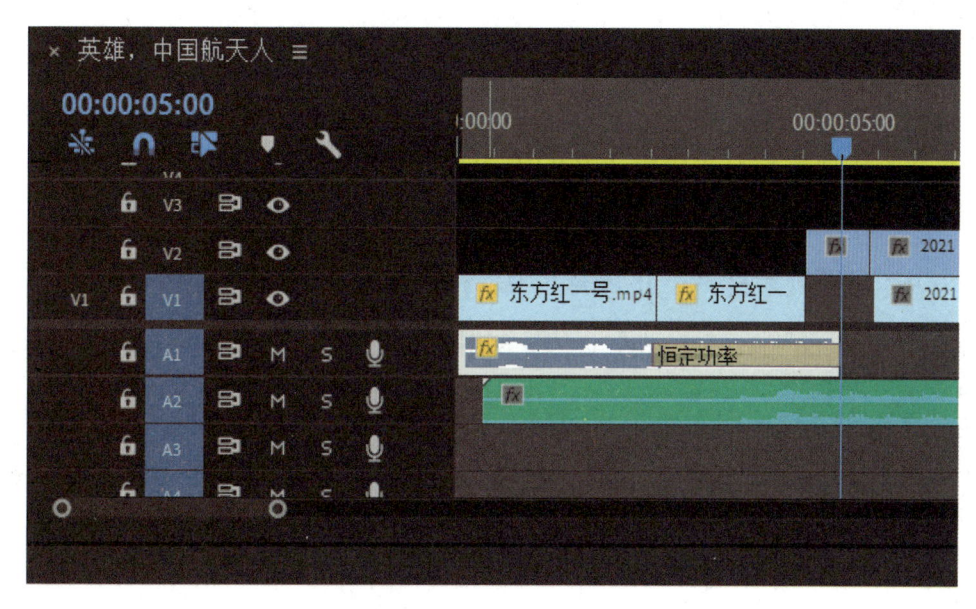

图 7-2　音频的制作效果

2．剪辑短视频

剪辑短视频使用 Premiere Pro 2022 完成，每个镜头的素材都不一样。这对剪辑人员来说是一个很大的挑战。

（1）导入素材。在"项目"面板中的空白位置右击，在弹出的快捷菜单中选择"导入"命令，打开"导入"对话框，选择"拓展项目二/素材"文件夹中的所有视频素材，如"东方红一号.mp4""2021 中国航天员宣传片.mp4"等，导入全部素材。

（2）剪辑镜头 1 素材。将视频素材"东方红一号.mp4"拖动到"时间轴"面板的轨道 V1 中，根据歌词，截取时长为 2 秒 14 帧的片段，删除不采用的素材片段。

（3）剪辑镜头 2～镜头 11、镜头 13～镜头 79 素材。按照步骤（2）的操作方法，剪辑相应内容和时长的素材片段。

① 镜头 2：在视频素材"东方红一号.mp4"中，根据歌词，截取时长约 2 秒的片段。

② 镜头 3：在视频素材"2021 中国航天员宣传片.mp4"中，根据歌词，截取时长约 1 秒的片段。

③ 镜头 4：在视频素材"2021 中国航天员宣传片.mp4"中，根据歌词，截取时长为 1 秒 10 帧的片段。

④ 镜头 5：在视频素材"2021 中国航天员宣传片.mp4"中，根据歌词，截取时长为 1 秒 11 帧的片段。

⑤ 镜头 6：在视频素材"我国成功发射高分十二号卫星-原片.mp4"中，根据歌词，截取时长为 1 秒 12 帧的片段。

⑥ 镜头 7：在视频素材"长征五号发射实录.mp4"中，根据歌词，截取时长为 2 秒 10 帧的片段。

⑦ 镜头 8：在视频素材"厉害了我的国.mp4"中，根据歌词，截取时长为 1 秒 10 帧的片段。

⑧ 镜头 9：在视频素材"长五.mp4"中，根据歌词，截取时长约 1 秒的片段。

⑨ 镜头 10：在视频素材"神舟十二号发射.mp4"中，根据歌词，截取时长约 1 秒的片段。

⑩ 镜头 11：在视频素材"最美航天人.mp4"中，根据歌词，截取时长约 2 秒的片段。

⑪ 镜头 13：在视频素材"32.mp4"中，根据歌词，截取时长为 7 秒 15 帧的片段。

⑫ 镜头 14：在视频素材"2021 中国航天宣传片.mp4"中，根据歌词，截取时长为 1 秒 7 帧的片段。

⑬ 镜头 15：在视频素材"2021 中国航天宣传片.mp4"中，根据歌词，截取时长为 2 秒 11 帧的片段。

⑭ 镜头 16：在视频素材"2021 中国航天宣传片.mp4"中，根据歌词，截取时长为 2 秒 9 帧的片段。

⑮ 镜头 17：在视频素材"2021 中国航天宣传片.mp4"中，根据歌词，截取时长为 1 秒 16 帧的片段。

⑯ 镜头 18：在视频素材"61.mp4"中，根据歌词，截取时长为 3 秒 21 帧的片段。

⑰ 镜头 19：在视频素材"57.mp4"中，根据歌词，截取时长约 4 秒的片段。

⑱ 镜头 20：在视频素材"57.mp4"中，根据歌词，截取时长约 4 秒的片段。

⑲ 镜头 21：在视频素材"2021 中国航天宣传片.mp4"中，根据歌词，截取时长为 3

秒 11 帧的片段。

⑳ 镜头 22：在视频素材"27.mp4"中，根据歌词，截取时长约 4 秒的片段。

㉑ 镜头 23：在视频素材"2021 中国航天宣传片.mp4"中，根据歌词，截取时长为 2 秒 12 帧的片段。

㉒ 镜头 24：在图片素材"WB.jpg"中，根据歌词，截取时长为 2 秒 9 帧的片段。

㉓ 镜头 25：在图片素材"e3.jpg"中，根据歌词，截取时长约 3 秒的片段。

㉔ 镜头 26：在视频素材"酒泉神舟宣传片.mp4"中，根据歌词，截取时长约 7 秒的片段。

㉕ 镜头 27：在视频素材"2021 中国航天宣传片.mp4"中，根据歌词，截取时长约 5 秒的片段。

㉖ 镜头 28：在视频素材"我们的太空航天员.mp4"中，根据歌词，截取时长约 2 秒的片段。

㉗ 镜头 29：在视频素材"最美航天人0122-1.mp4"中，根据歌词，截取时长约 1 秒的片段。

㉘ 镜头 30：在视频素材"最美航天人0122-1.mp4"中，根据歌词，截取时长为 1 秒 5 帧的片段。

㉙ 镜头 31：在视频素材"最美航天人0122-1.mp4"中，根据歌词，截取时长为 1 秒 14 帧的片段。

㉚ 镜头 32：在视频素材"最美航天人0122-1.mp4"中，根据歌词，截取时长为 2 秒 11 帧的片段。

㉛ 镜头 33：在视频素材"最美航天人0122-1.mp4"中，根据歌词，截取时长约 1 秒的片段。

㉜ 镜头 34：在视频素材"酒泉神州宣传片.mp4"中，根据歌词，截取时长约 4 秒的片段。

㉝ 镜头 35：在视频素材"航天员出舱.mp4"中，根据歌词，截取时长约 5 秒的片段。

㉞ 镜头 36：在视频素材"2021-10-15.mp4"中，根据歌词，截取时长约 5 秒的片段。

㉟ 镜头 37：在视频素材"2021 中国航天员宣传片.mp4"中，根据歌词，截取时长约 1 秒的片段。

㊱ 镜头 38：在视频素材"我们的太空航天员.mp4"中，根据歌词，截取时长约 26 秒的片段。

㊲ 镜头 39：在视频素材"31.mp4"中，根据歌词，截取时长约 4 秒的片段。

㊳ 镜头 40：在视频素材“2021 中国航天宣传片.mp4”中，根据歌词，截取时长为 3 秒 19 帧的片段。

㊴ 镜头 41：在视频素材“28.mp4”中，根据歌词，截取时长约 4 秒的片段。

㊵ 镜头 42：在视频素材“28.mp4”中，根据歌词，截取时长为 3 秒 11 帧的片段。

㊶ 镜头 43：在视频素材“27.mp4”中，根据歌词，截取时长约 4 秒的片段。

㊷ 镜头 44：在视频素材“最美航天人 0122-1.mp4”中，根据歌词，截取时长约 2 秒的片段。

㊸ 镜头 45：在视频素材“最美航天人 0122-1.mp4”中，根据歌词，截取时长为 1 秒 13 帧的片段。

㊹ 镜头 46：在视频素材“2022-4-16-1.mp4”中，根据歌词，截取时长为 2 秒 11 帧的片段。

㊺ 镜头 47：在视频素材“2022-4-16-2.mp4”中，根据歌词，截取时长为 1 秒 16 帧的片段。

㊻ 镜头 48：在视频素材“2022-4-16-3.mp4”中，根据歌词，截取时长约 1 秒的片段。

㊼ 镜头 49：在视频素材“22.mp4”中，根据歌词，截取时长约 7 秒的片段。

㊽ 镜头 50：在视频素材“19.mp4”中，根据歌词，截取时长约 2 秒的片段。

㊾ 镜头 51：在视频素材“2022-4-16-4.mp4”中，根据歌词，截取时长约 1 秒的片段。

㊿ 镜头 52：在视频素材“19.mp4”中，根据歌词，截取时长约 2 秒的片段。

(51) 镜头 53：在视频素材“50.mp4”中，根据歌词，截取时长约 3 秒的片段。

(52) 镜头 54：在视频素材“我们的太空航天员.mp4”视频，根据歌词，截取时长约 6 秒的片段。

(53) 镜头 55：在视频素材“21.mp4”中，根据歌词，截取时长约 1 秒的片段。

(54) 镜头 56：在视频素材“21.mp4”中，根据歌词，截取时长约 2 秒的片段。

(55) 镜头 57：在视频素材“11.mp4”中，根据歌词，截取时长为 3 秒 11 帧的片段。

(56) 镜头 58：在视频素材“11.mp4”中，根据歌词，截取时长为 3 秒 21 帧的片段。

(57) 镜头 59：在视频素材“14.mp4”中，根据歌词，截取时长约 2 秒的片段。

(58) 镜头 60：在视频素材“14.mp4”中，根据歌词，截取时长约 2 秒的片段。

(59) 镜头 61：在视频素材“14.mp4”中，根据歌词，截取时长为 2 秒 5 帧的片段。

(60) 镜头 62：在视频素材“我们的太空航天员.mp4”中，根据歌词，截取时长为 3 秒 19 帧的片段。

(61) 镜头 63：在视频素材“我们的太空航天员.mp4”中，根据歌词，截取时长约 4 秒的片段。

㉖ 镜头 64：在视频素材"太空授课.mp4"中，根据歌词，截取时长为 2 秒 13 帧的片段。

㉖ 镜头 65：在视频素材"太空授课.mp4"中，根据歌词，截取时长约 2 秒的片段。

㉔ 镜头 66：在视频素材"2021 中国航天宣传片.mp4"中，根据歌词，截取时长为 7 秒 12 帧的片段。

㉕ 镜头 67：在视频素材"14.mp4"中，根据歌词，截取时长约 4 秒的片段。

㉖ 镜头 68：在视频素材"21.mp4"中，根据歌词，截取时长约 5 秒的片段。

㉗ 镜头 69：在视频素材"2020-07-20.mp4"中，根据歌词，截取时长为 2 秒 18 帧的片段。

㉘ 镜头 70：在视频素材"14.mp4"中，根据歌词，截取时长约 4 秒的片段。

㉙ 镜头 71：在视频素材"厉害了我的国.mp4"中，根据歌词，截取时长为 3 秒 14 帧的片段。

㉚ 镜头 72：在视频素材"带着月球'土特产'的嫦娥五号.mp4"中，根据歌词，截取时长约 3 秒的片段。

㉛ 镜头 73：在视频素材"111.mp4"中，根据歌词，截取时长约 3 秒的片段。

㉜ 镜头 74：在视频素材"太空家园.mp4"中，根据歌词，截取时长为 2 秒 11 帧的片段。

㉝ 镜头 75：在视频素材"26.mp4"中，根据歌词，截取时长约 2 秒的片段。

㉞ 镜头 76：在视频素材"致敬中国航天人.mp4"中，根据歌词，截取时长为 2 秒 11 帧的片段。

㉟ 镜头 77：在视频素材"2021-10-15-5.mp4"中，根据歌词，截取时长为 2 秒 11 帧的片段。

㊱ 镜头 78：在视频素材"致敬中国航天人.mp4"中，根据歌词，截取时长为 3 秒 11 帧的片段。

㊲ 镜头 79：在视频素材"太空家园.mp4"中，根据歌词，截取时长为 11 秒 11 帧的片段。

（4）镜头 12 素材：视频素材可根据歌词和意境自行创作，时长约 10 秒，使用 Adobe After Effects 2022 制作即可。

3．制作 MV 片头

MV 片头使用 Adobe After Effects 2022 制作完成。

（1）打开 Adobe After Effects 2022，新建合成"片头"，参数设置如图 7-3 所示。

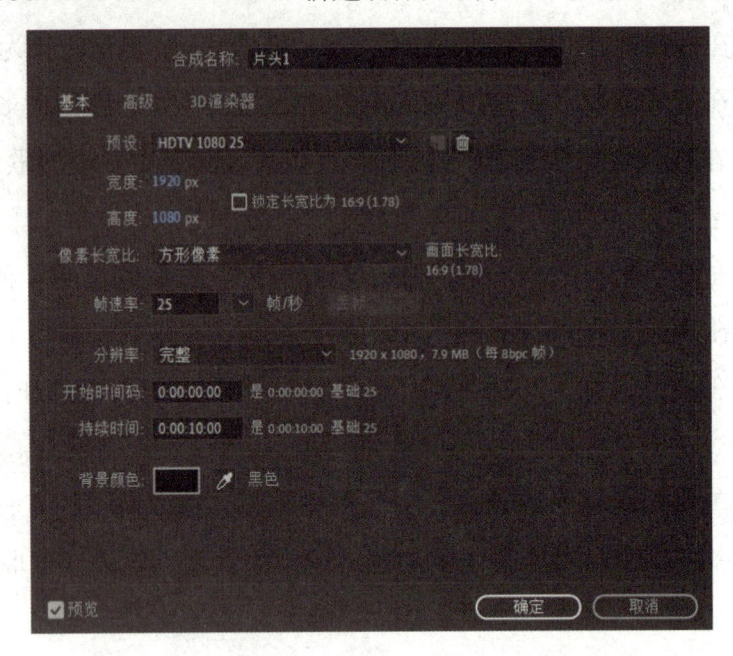

图 7-3　合成"片头"的参数设置

（2）制作片头背景。导入素材"sc_01.mp4"作为背景，导入素材"sun_01.mov"作为光效，设置图层模式为"相加"、不透明度为"50%"。导入素材"40467.mov"，添加菜单栏中的"效果"→"颜色校正"→"曲线"效果，调整曲线，使红色更突出。导入素材"飞沫火星粒子.mp4"，设置图层模式为"相加"。至此，MV 片头的背景制作完成，如图 7-4 所示。

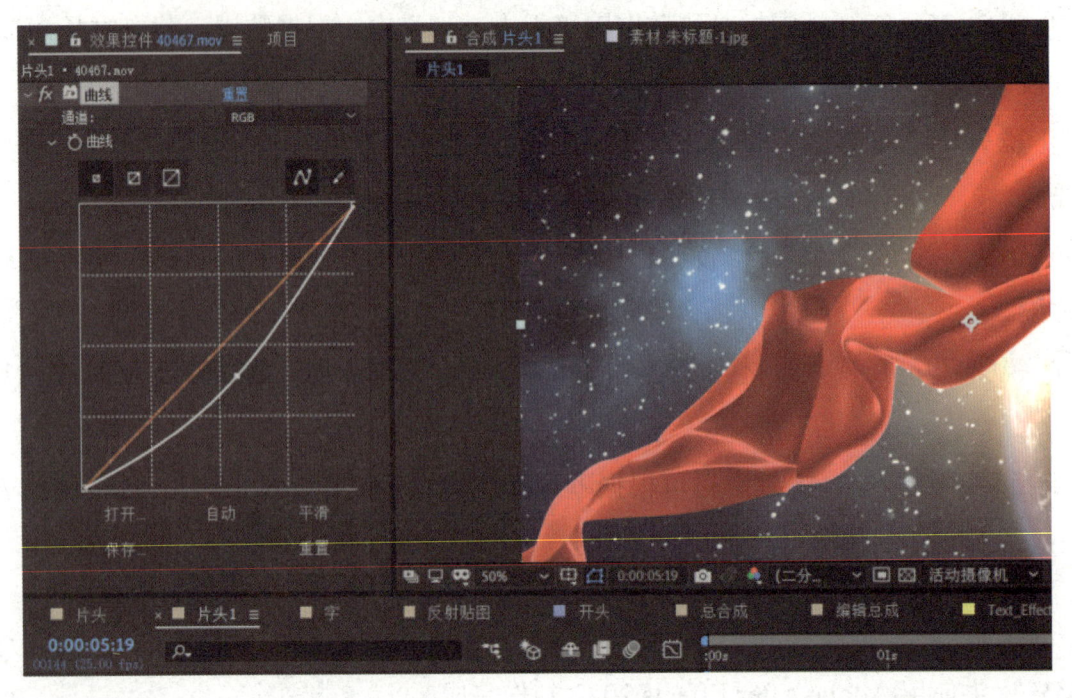

图 7-4　制作片头背景

（3）制作片头字幕内容。新建合成"字"，选择"图层"→"新建"→"文本"命令，新建5个文本图层，分别输入"英""雄""中国航天人""Hero, The Taikonaut""作词：肖远骑 作曲：张秦 演唱：张秦"，如图7-5所示。

设置"英""雄"两个文本图层的文本属性，如图7-6所示。设置"中国航天人""Hero, The Taikonaut""作词：肖远骑 作曲：张秦 演唱：张秦"3个文本图层的文本属性，如图7-7所示。

至此，MV片头字幕的文本属性设置完成，效果如图7-8所示。

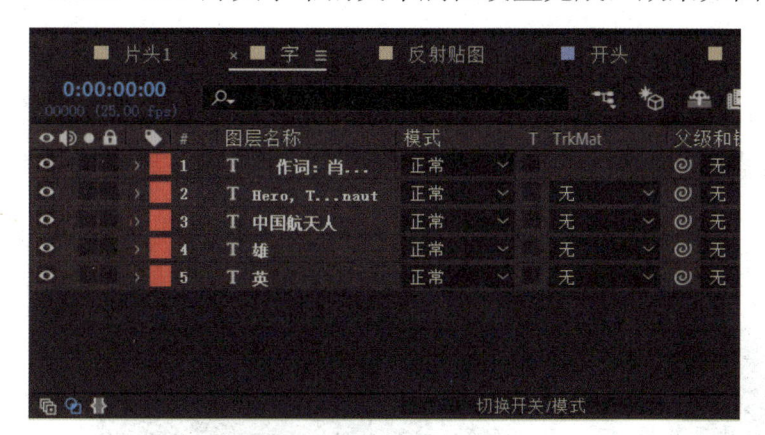

图7-5　新建5个文本图层　　　　　　　　　图7-6　设置文本属性1

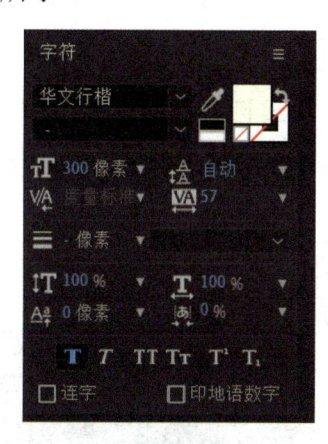

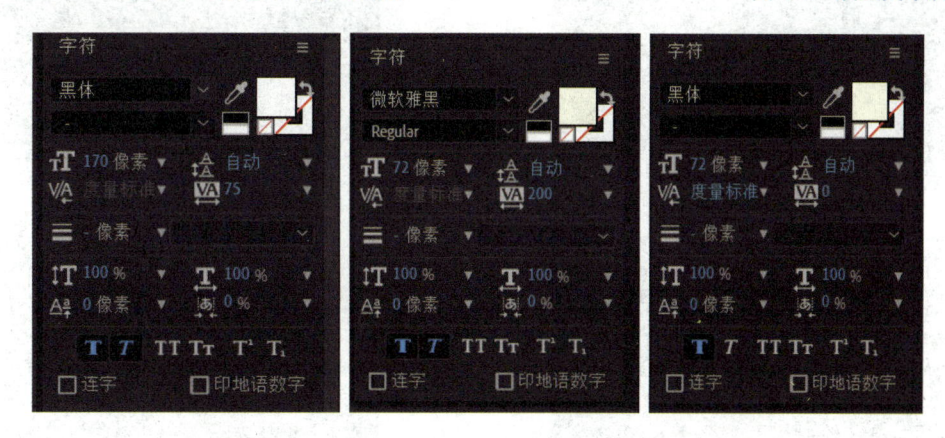

图7-7　设置文本属性2

图7-8　MV片头字幕的文本效果

（4）制作片头字幕特效。新建合成"反射贴图"，导入素材"标题.jpg"，在"效果控件"面板中调整图片大小与合成"反射贴图"的大小一致。

为素材"标题.jpg"添加菜单栏中的"效果"→"风格化"→"动态拼贴"效果，在第 0 秒处，添加关键帧，设置"拼贴中心"为"2953.3,961.0"；在第 10 秒处添加关键帧，设置"拼贴中心"为"5263.3,961.0"；勾选"镜像边缘"复选框；调整拼贴宽度和拼贴高度。为素材"标题.jpg"添加菜单栏中的"效果"→"颜色校正"→"色调"效果，设置"将黑色映射到"为"黑色"、"将白色映射到"为"白色"、"着色数量"为"100%"，如图 7-9 所示。

为素材"标题.jpg"添加菜单栏中的"效果"→"颜色校正"→"曲线"效果，调整曲线，使图片变得更灰。为素材"标题.jpg"添加菜单栏中的"效果"→"模糊与锐化"→"高斯模糊"效果，调整"模糊度"为"123.5"，选择"模糊方向"为"水平和垂直"，如图 7-10 所示。

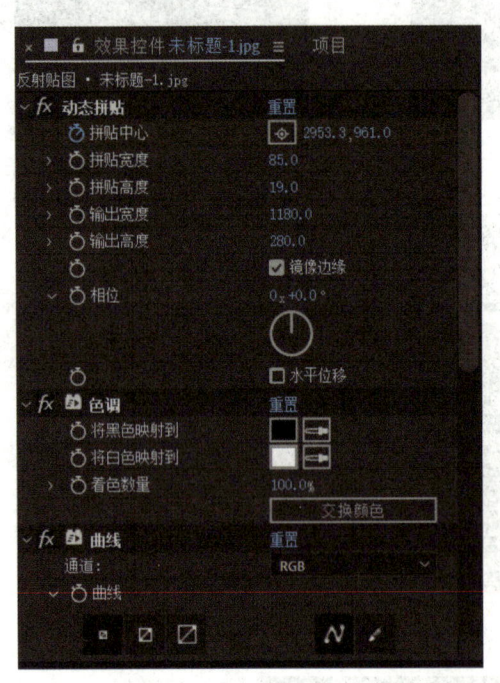

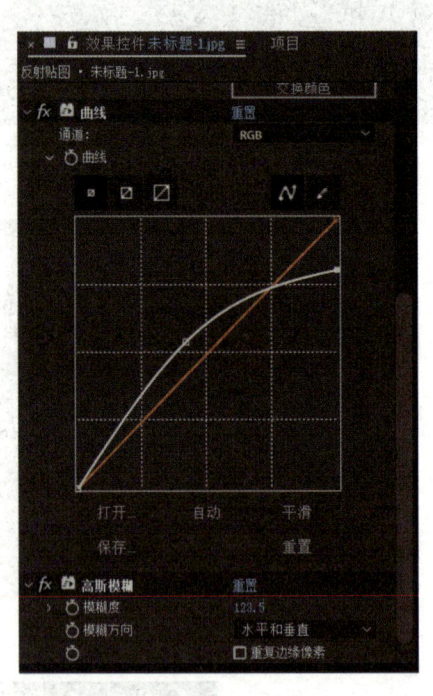

图 7-9　片头字幕特效设置 1　　　　图 7-10　片头字幕特效设置 2

（5）新建合成"字幕"，并将合成"反射贴图"和"字"都拖动到该合成"字幕"中，为合成"反射贴图"添加"Alpha 轨道遮罩-字"。为合成"反射贴图"添加菜单栏中的"效果"→"风格化"→"CC Glass"效果，设置"Surface"栏中的"Bump Map"为"1.字""源"，并设置"Property"为"Lightness"，如图 7-11 所示。为合成"反射贴图"添加菜单栏中的"效果"→"扭曲"→"CC Blobbylize"效果，设置"Blobbiness"栏中的"Blob Layer"为"1.字""源"，如图 7-12 所示。

项目7 MV《英雄，中国航天人》创作

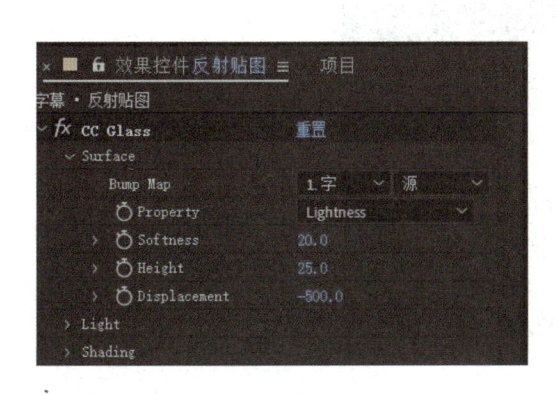

图7-11 片头字幕特效设置3

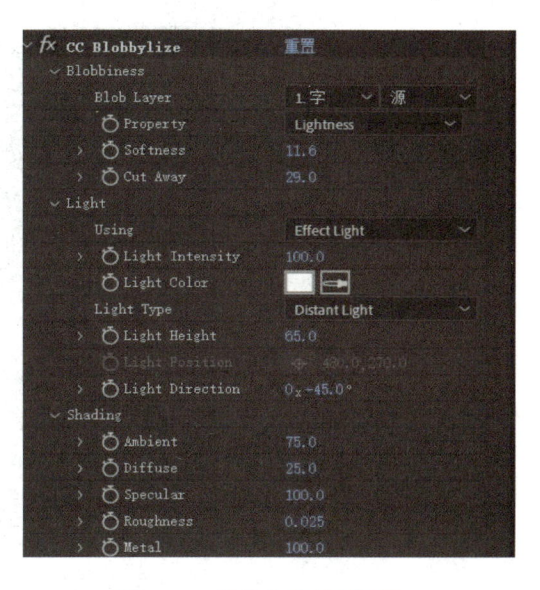

图7-12 片头字幕特效设置4

（6）将合成"字幕"拖动到合成"片头"中，为合成"字幕"添加菜单栏中的"效果"→"颜色校正"→"曲线"效果，在"效果控件"面板中，将曲线的红色部分和绿色部分向上拉，将曲线的蓝色部分向下拉，如图7-13所示。为合成"字幕"添加菜单栏中的"效果"→"生成"→"CC Light Sweep"效果，增加文字的扫射光效果，如图7-14所示。

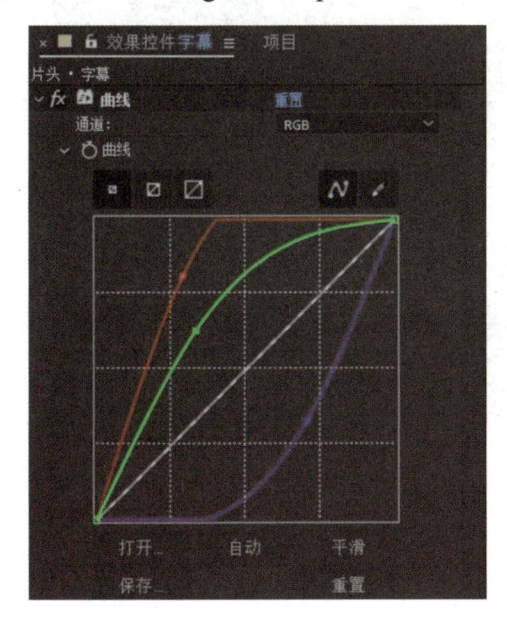

图7-13 片头字幕特效设置5

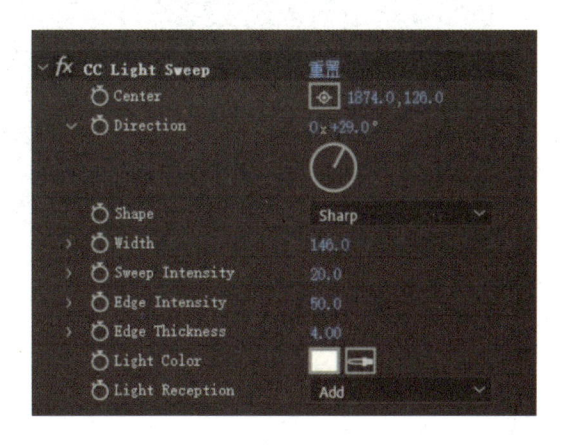

图7-14 片头字幕特效设置6

（7）制作片头字幕浮雕特效。选择"字幕"图层，在"斜面和浮雕"栏中，根据要求设置相应的选项，如图7-15所示。

（8）制作片头字幕动态特效。选择"字幕"图层，按快捷键S，展开该图层的"缩放"栏，在第8秒处添加关键帧并设置"缩放"为"100.0"，在第0秒处添加关键帧并设置"缩放"为"158.0"，在第1秒处添加关键帧并设置"缩放"为"120.0"。

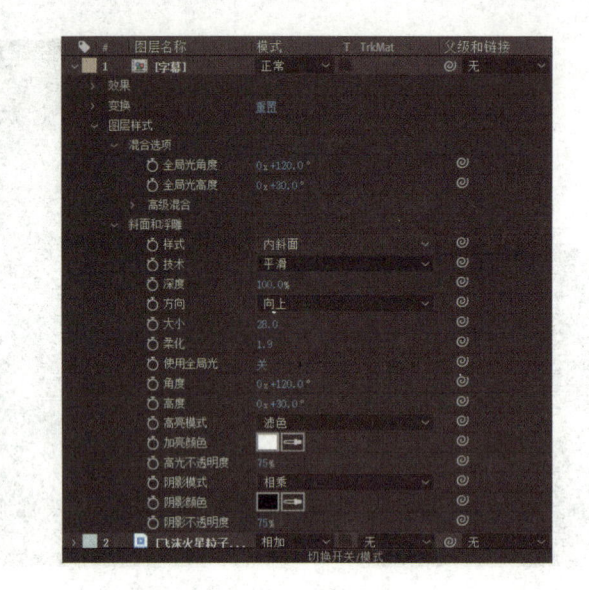

图 7-15　片头字幕浮雕特效设置

（9）按快捷键 Ctrl+M，保存片头。至此，MV 片头制作完成，效果如图 7-16 所示。

图 7-16　MV 片头制作完成的效果

4．制作 MV 字幕

MV 字幕主要应用歌词，通过 Premiere Pro 2022 制作完成。

（1）添加歌词。打开项目"英雄，中国航天人.prproj"，选择"文件"→"新建"→"字幕"命令，打开字幕编辑界面，在安全框内添加文本框，输入"这是最远的出差"，选择"颜色"为"#F4B400"、"色彩到不透明"为"100%"、"字体大小"为"60.0"，如图 7-17 所示。在中文字幕下方添加文本框，输入"This may be the farthest business trip"，选择"字体样式"为"Courier New"、"字体大小"为"36.0"，颜色与中文字幕的颜色保持一致。

图 7-17　歌词字幕的文本设置

（2）将字幕应用到 MV 中。将字幕一一拖动到"时间轴"面板中，放在最上面的主视频轨道中，调整字幕的时长。

（3）拖动素材"光效.mov"到字幕轨道下方的轨道中，调整素材的时长，字幕特效的完成效果如图 7-18 所示。按照同样的方法，复制多个调整时长后的素材"光效.mov"，使其与每个字幕一一对应，保持其时长与每个字幕的时长一致。

至此，MV 字幕制作完成，效果如图 7-19 所示。

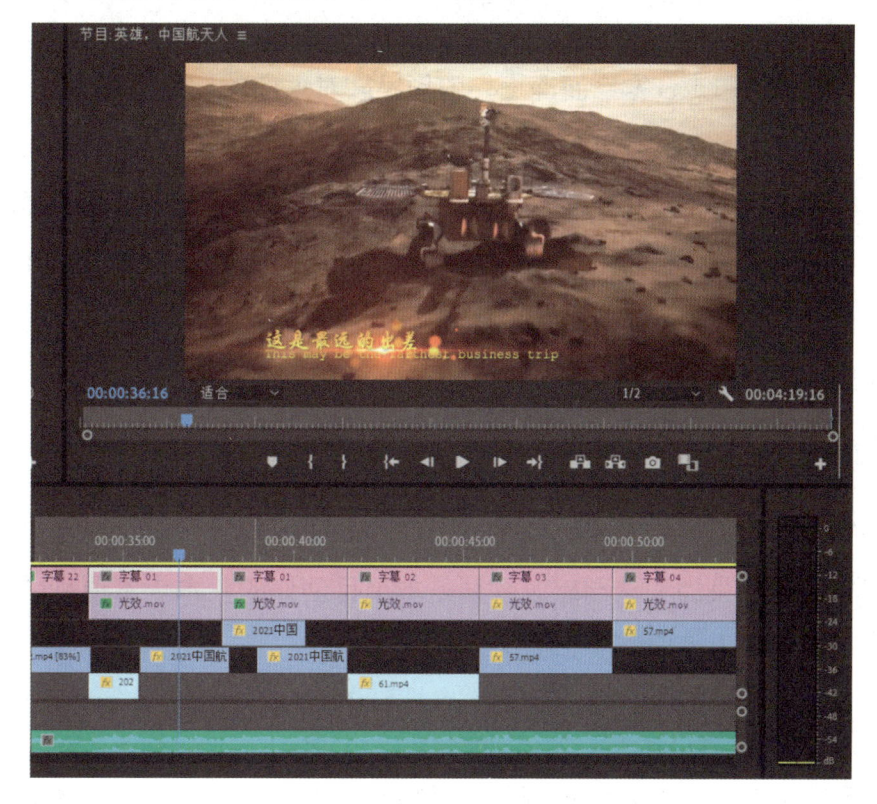

图 7-18　字幕特效的完成效果

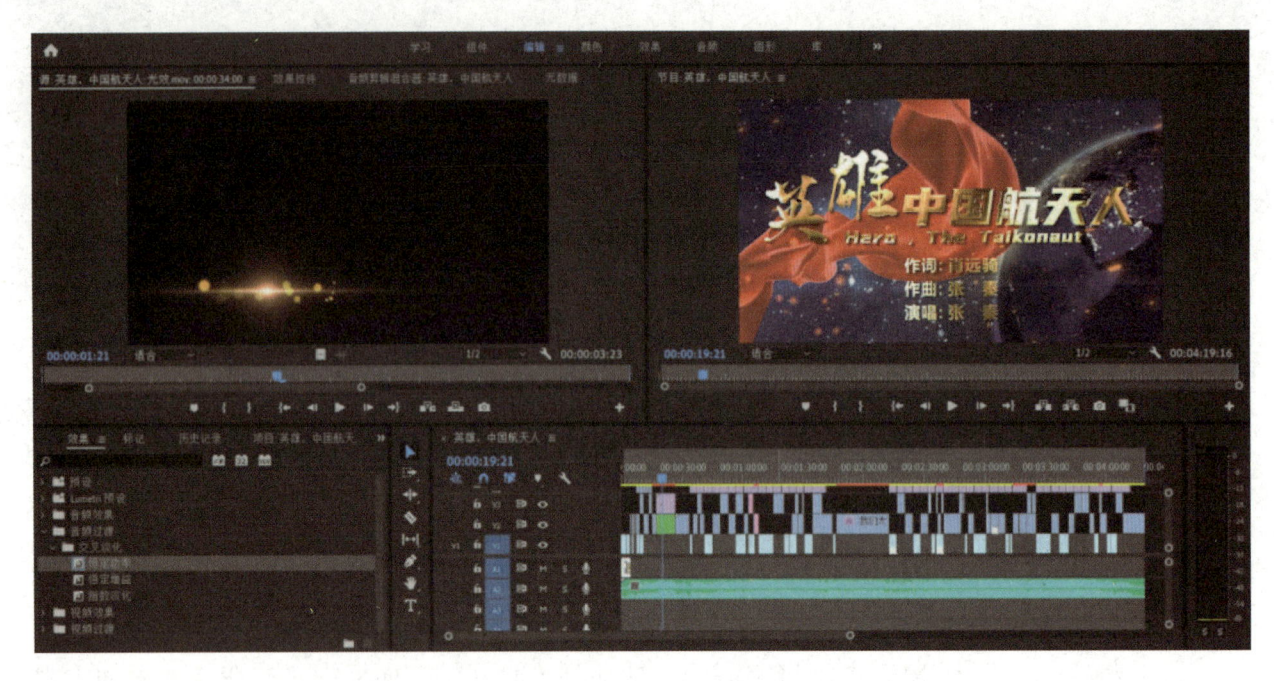

图 7-19　MV 字幕制作完成的效果

5. 导出 MV

MV 制作完成后，可预览效果，并再次修改。修改完成后，直接导出 MV 即可。

7.4 项目总结

　　太空，人类梦想的疆土，寥廓而深邃，中华民族对太空的向往与探索，从未停止。MV《英雄，中国航天人》以歌颂中国航天事业和航天人为主题，以 MV 的形式向中国航天人致敬。MV《英雄，中国航天人》以歌词为创作蓝本，努力表达歌词所提供的画面意境和故事情节，并设置相应的镜头，通过 Premiere Pro 2022 和 Adobe After Effects 2022 制作完成，通过剪辑大量素材，合成了 MV 的主体内容，添加了精彩的片头和片尾，设计了极具特色的标题字幕和歌词字幕。

1. 创意设计

　　本项目主要考虑如何通过音乐、剧情、影像和画面特效等元素，展现中国航天人的英雄事迹，增强作品的感染力和认同感。歌词是本项目创作的蓝本，本项目采用对应创意办法，以歌词的画面意境来设置镜头画面。

2. 影像处理

　　为了达到预期的效果，本项目选用了大量精彩的视频素材，其中包含很多先进的影像作品，通过丰富的后期特效技术处理画面，突出中国航天事业的壮丽雄伟，以及中国航天人的伟大形象。

3. 音乐选择

音乐在 MV 中扮演着十分重要的角色。本项目的片头采用了视频原声，配合剧情需要，增强了作品的故事性和带入感。同时，"音画合一"的高级剪辑技巧，也充分展示了音乐的感染力和冲击力。

4. 情感共鸣

本项目创作的目的之一是引发读者的情感共鸣，激发读者的荣誉感、自豪感和爱国情感。因此，本项目在创意之初需要进行心理分析，了解读者的需求和期望，通过创意设计充分表达出歌词的思想内涵和画面意境，增强作品的感染力，达到教育引导的目的。

MV《英雄，中国航天人》思维导图包含了知识、能力、素质、技能和思政五方面的内容，如图 7-20 所示。

知识
1. 什么是MV，以及MV的特点
2. MV的创意要求和制作流程
3. 中国航天事业和中国航天人的相关知识

能力
1. 根据MV的主题和歌词选择合适的素材
2. 根据MV的主题和歌词剪辑素材
3. 根据MV的主题和歌词合成、包装作品

素质
1. 深入理解中国航天事业伟大发展成就的文化素质
2. 弘扬中国航天人无私奉献精神和崇高荣誉感的思想素质
3. 通过音乐和影像融合充分展示中国航天精神的艺术素质

技能
1. Premiere Pro 2022和Adobe After Effects 2022的综合操作技能
2. 使用Adobe After Effects 2022进行短视频特效包装的技能
3. 使用Premiere Pro 2022进行素材剪辑与合成的技能

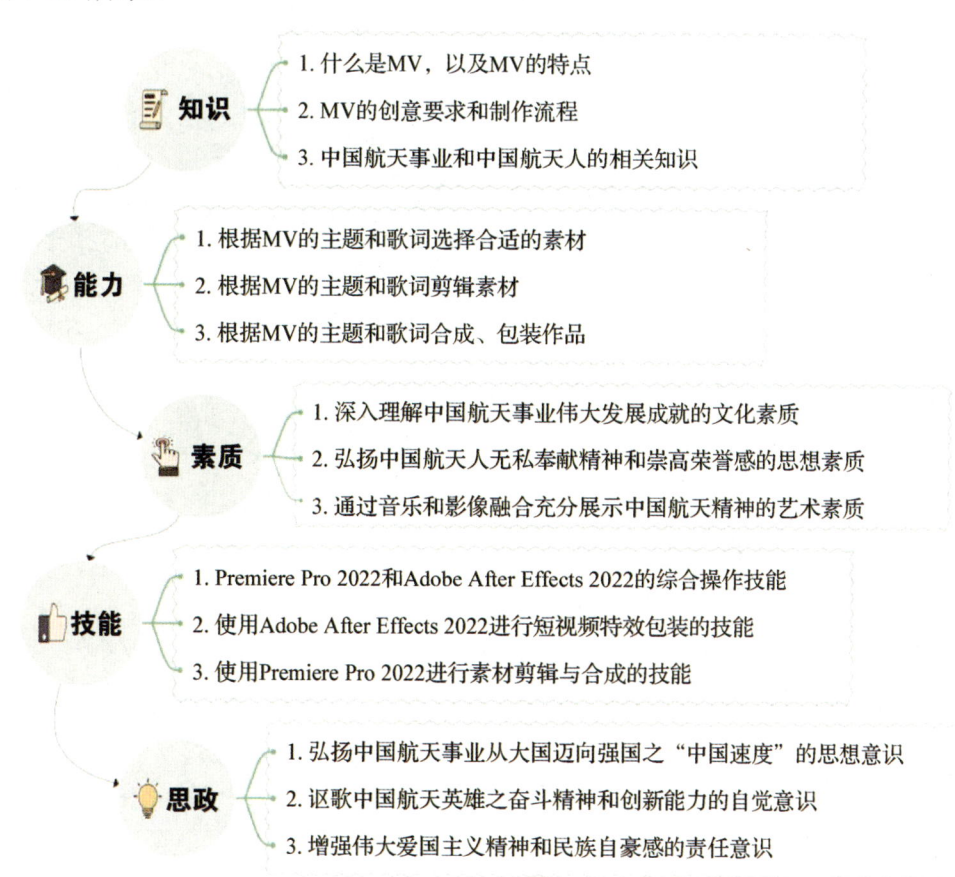

思政
1. 弘扬中国航天事业从大国迈向强国之"中国速度"的思想意识
2. 讴歌中国航天英雄之奋斗精神和创新能力的自觉意识
3. 增强伟大爱国主义精神和民族自豪感的责任意识

图 7-20　MV《英雄，中国航天人》思维导图